研学旅行
管理与策划

刘雨涛　杜连丰／主　编

广东旅游出版社
GUANGDONG TRAVEL & TOURISM PRESS
悦读书·悦旅行·悦享人生

中国·广州

图书在版编目（CIP）数据

研学旅行管理与策划 / 刘雨涛，杜连丰主编 .
广州：广东旅游出版社，2025. 7. -- ISBN 978-7
-5570-3409-2

Ⅰ . F590.75

中国国家版本馆 CIP 数据核字第 2024AQ4467 号

出 版 人：刘志松
责任编辑：林保翠　　陈伊甜
装帧设计：王燕梅
责任校对：李瑞苑
责任技编：冼志良

研学旅行管理与策划
YANXUE LÜXING GUANLI YU CEHUA

广东旅游出版社出版发行

（广东省广州市荔湾区沙面北街 71 号首、二层）

邮编：510130

电话：020-87347732（总编室）　　020-87348887（销售热线）

印刷：佛山家联印刷有限公司

地址：佛山市南海区桂城街道三山新城科能路 10 号自编 4 号楼三层之一

开本：787 毫米 ×1092 毫米　16 开

字数：324 千字

印张：14.5

版次：2025 年 7 月第 1 版

印次：2025 年 7 月第 1 次

定价：45.00 元

前 言

本书根据高等职业教育人才培养定位，坚持从中国研学旅行行业发展的实际需要和高等职业院校学生的实际水平出发，以强化应用为教学重点，以项目为形式，以任务为载体进行编写，在提升学生专业理论的同时突出专业技能的训练，有利于帮助在职人员和即将进入研学旅行行业的青年学生提升职业素养，提高服务水平，进而促进行业的有序发展。本书主要有以下三个特点。

一、注重理论知识的系统性和前瞻性。

本书遵循"实用、够用、管用"的原则，根据旅游心理现象的变化，循序渐进构建知识体系。以研学旅行概述、研学旅行基（营）地方案设计、研学旅行课程方案设计、研学旅行组织与实施、研学旅行评价机制等内容为基本框架，吸收业界的最新研究成果，具有"理论够用"和"技能管用"的特点，有利于学生学以致用。

二、内容设计遵循教与学的客观规律。

本书每一个项目都设有导读和学习导图，下辖多个任务。每一个任务又包括学习目标、学习任务导图、任务内容、思考与练习四个板块，并配以适当的阅读材料，表述清晰，形式新颖，增加了教材的生动性和可读性，既有利于提高读者的阅读兴趣和自主学习能力，也方便教师进行教学辅导。

三、理论与实践统一，轻松"教""学"。

对于一些在研学旅行工作过程中容易碰到的典型案例，本书不仅对案例进行深入浅出的分析，还结合"实用、够用、管用"的原则，将案例融入情境实训，突出了教材的专业性和实用性，引导学生进一步学习和掌握理论知识，激励学生在动手动脑中巩固知识，增强能力。

本书由广州铁路职业技术学院和研学汇（广东）教育科技有限公司联合编写，其中广州铁路职业技术学院刘雨涛担任主编，宋竟青担任副主编，吴汉秋参编；研学汇（广东）教育科技有限公司杜连丰担任主编，秦红岩担任副主编，冯白雪参编。刘雨涛、杜连丰负责全书统稿，宋竟青、秦红岩负责视频等数字化资源的制作。

本书在编写过程中参阅了大量书籍、报刊等文献资料，相关学校和企业也为本书编写提供了宝贵建议，在此表示衷心感谢！

研学旅行的理论与实践正处于探索阶段，由于编者水平有限，本书虽经反复修改、推敲，仍难免存在错漏之处，在此表示歉意，敬请广大读者和同仁批评指正！读者意见反馈邮箱：125582245@qq.com。

编者
2025 年 5 月

请扫描二维码，浏览本书配套视频及其他电子资源。

目 录
CONTENTS

项目一
研学旅行概述

　　研学旅行是新时代素质教育改革的重要举措和旅游转型融合发展的新形式，是贯彻落实国家"培养全面发展的人才观"教育方针的重要体现。2012年教育部启动中小学生研学旅行工作研究项目，2016年11月教育部等11部门又联合出台《关于推进中小学生研学旅行的意见》（教基一〔2016〕8号），明确指出了开展研学旅行的时代要求、意义、任务及基本原则，在全国各地得到了积极响应和快速发展。通过本项目学习，读者能对研学旅行基本概念有较为全面的了解，能理解研学旅行历史渊源，掌握研学旅行概念定义及与其他容易混淆概念的区别，理解研学旅行的本质和特点。本项目还对落地实施组织架构和人员方面做了详细讲解，让研学旅行相关工作者更好地领悟研学旅行在教学活动中的价值。

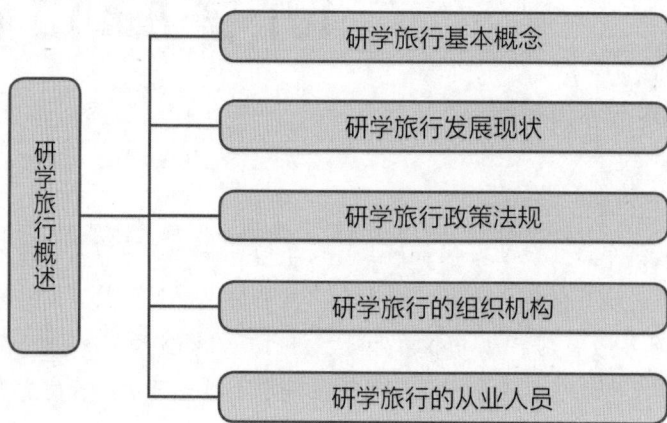

研学旅行基本概念

研学旅行发展现状

研学旅行概述 —— 研学旅行政策法规

研学旅行的组织机构

研学旅行的从业人员

任务一　研学旅行基本概念

学习目标

- 熟悉和了解研学旅行的概念和重要意义；
- 能够辨识和区分易混淆的概念。

学习任务导图

研学旅行基本概念
- 研学旅行的定义
- 研学旅行的重要意义
- 研学旅行的基本分类与特征
  - 研学旅行的基本分类
  - 研学旅行的基本特征
- 研学旅行与其他实践教育活动区别
  - 综合实践活动的概念
  - 劳动教育的概念
  - 冬夏令营的概念
  - 春秋游和亲子游的概念
  - 社会大课堂的概念

任务内容

1. 研学旅行的定义

研学旅行，顾名思义是教育与旅游融合的新业态名称。2013 年国务院办公厅发布《国民旅游休闲纲要（2013—2020 年）》（国办发〔2013〕10 号），首次将研学旅行提升到国家倡导的层面，但没有对研学旅行的定义进行统一的描述。

2014 年，教育部在第十二届全国基础教育学习论坛上对研学旅行进行了解释：研学旅行是集体活动，可以以年级为单位，以班为单位，乃至以学校为单位进行集体活动，学生在教师或者辅导员的带领下一起活动，一起动手，共同体验，相互研讨。

2016 年 11 月 30 日，教育部等 11 部门在研学旅行全国试点的基础上，联合下发了《关于推进中小学生研学旅行的意见》，该文件明确："中小学生研学旅行是由教育部门和学校有计划地组织安排，通过集体旅行、集中食宿方式开展的研究性学习和旅行体验相结合的校外教育活动，是学校教育和校外教育衔接的创新形式，是教育教学的重要内容，是综合实践育人的有效途径。"并指出，研学旅行"一般安排在小学四到六年级、初中一到二年级、高中一到二年级"，研学旅行内容"小学阶段以乡土乡情为主，初中阶段以县情市情为主，高中阶段以省情国情为主"。

上面《意见》的定义中，明确了以下几点：

①研学旅行的主体部门是教育主管部门和学校，研学旅行由学校有计划地安排实施，是上学期间组织开展的一种集体活动。实施学段分为小学四到六年级、初中一到二年级、高中一到二年级三个学段。该意见明确了研学旅行是学校有目的、有计划的教育活动。

②研学旅行的组织形式是集体旅行、集中食宿。原则上定为小学阶段 2 天 1 夜，初中阶段 3 天 2 夜，高中阶段 4 天 3 夜。各省市在研学旅行的实践中时间安排虽然有所不同，但大多数是小学 1 ~ 3 天，初中 1 ~ 4 天，高中 1 ~ 5 天。

③研学旅行是一种面向生活的素质教育，是通过旅行中的研究性学习而进行的体验式实践教育活动。旨在通过研学旅行的方式，扩大学生对校外事物的认识视野；帮助学生获得对自然现象、社会生活与在校学习的整体性认知；培养学生主动参与与独立思考；倡导学生大胆探索社会现象，积极投身实践活动，通过研学旅行活动，体验、领悟和升华在学校所学到的知识；激发学生学习兴趣、想象力、解决问题的综合创新能力。

随着中小学研学旅行的推广实施，学者对研学旅行概念进一步研究界定，如朱立新教授提出研学旅行的定义有广义和狭义两种界定方式：广义的研学旅行指以研究性、探究性学习为目的的专项旅行，是旅游者出于文化求知的需要，暂时离开常住地，到异地开展的文化性质的旅游活动；狭义的研学旅行特指由学校组织、学生参与的，以学习知识、了解社会、培养人格为主要目的的校外考察活动。

武汉商学院杨崇君教授在其《研学旅行概论》一书中定义：教育视野下的研学旅行内涵至少包含五个方面。一是研学旅行的主体部门是教育部门和学校；二是研学旅行的组织形式是集体旅行、集中食宿；三是研学旅行的性质是校外教育活动；四是研学旅行是一种研究性学习和旅行体验相结合的学习；五是研学旅行是一种教育创新。

2025 年 2 月 19 日，文化和旅游部发布的《研学旅游服务要求》（LB/T 054—2025）将研学旅游定义为：以青少年为主要参与者，以提高综合素养为目的，以集体旅行为载体，进行体验式教育和研究性学习的旅游活动。

目前研学旅行在全国推进过程中，使用最多的也最为普遍的是教育部等 11 部门《关于推进中小学生研学旅行的意见》中对研学旅行的定义。本教材对研学旅行的定义，也是以该文件为准，根据此定义，研学旅行应满足如下五个要素：

①参与对象为上学期间的中小学生。

②主管部门是教育部门，组织方主要是教育部门和学校。

③有明确的综合实践育人的教育目标和内容。

④实施方式是服务机构通过集体旅行和集中食宿方式来组织，参与对象以研究性学习和实践体验相结合来进行。

⑤研学旅行实施地点为学校以外的场所。

2. 研学旅行的重要意义

教育部等 11 部门在《关于推进中小学生研学旅行的意见》中将研学旅行的重要意义表述为"三个有利于"：有利于促进学生培育和践行社会主义核心价值观，激发学生对党、对国家、对人民的热爱之情；有利于推动全面实施素质教育，创新人才培养模式，引导学生主动适应社会，促进书本知识和生活经验的深度融合；有利于加快提高人民生活质量，满足学生日益增长的旅游需求，从小培养学生的文明旅游意识，养成文明旅游的习惯。

由王晓燕、韩新老师主编的《研学旅行来了》对这"三个有利于"进行了这样的理解：

一、是贯彻国家重大方针政策的重要举措。

1957 年，毛泽东在《关于正确处理人民内部矛盾的问题》一文中指出："我们的教育方针，应该使受教育者在德育、智育、体育几方面都得到发展，成为有社会主义觉悟的有文化的劳动者。"1977 年，党的十一大报告中将教育方针表述为："教育必须为无产阶级政治服务，必须同生产劳动相结合，使受教育者在德育、智育、体育几方面都得到发展，成为有社会主义觉悟的有文化的劳动者。"这里着重强调了"两个必须"，其中之一就是"同生产劳动相结合"。

2010 年印发的《国家中长期教育改革和发展规划纲要（2010—2020 年）》中，对教育方针的表述是："坚持教育为社会主义现代化建设服务，为人民服务，与生产劳动和社会实践相结合，培养德智体美全面发展的社会主义建设者和接班人。"这里仍旧强调"与生产劳动和社会实践相结合"。

2013 年，国务院办公厅印发了《国民旅游休闲纲要（2013—2020 年）》，明确提出要"逐步推行中小学生研学旅行"；2014 年，国务院印发《关于促进旅游业改革发展的若干意见》（国发〔2014〕31 号），提出要"积极开展研学旅行"，并明确教育部等要"加强对研学旅行的管理"；2015 年，国务院办公厅印发了《关于进一步促进旅游投资和消费的若干意见》（国办发〔2015〕62 号），再次提出要"支持研学旅行发展"。可见，开展研学旅行对拉动内需，促进经济社会发展具有重要意义。

根据 2015 年第十二届全国人民代表大会常务委员会第十八次会议的决定，《中华人民共和国教育法》第二次修订，将教育方针表述为："教育必须为社会主义现代化建设服务、为人民服务，必须与生产劳动和社会实践相结合，培养德智体美等方面全面发展的社会主义建设者和接班人。"这一规定强调教育基本途径与"社会实践"相结合，把教育方针通过法律形式转化为国家意志，具有强制性。它规定了教育的性质、目标、任务和实现路径，核心是"为谁培养人""培养什么人""怎么培养人"这三个最具战略决定性意义的问题。研学旅行正当其时。开展研学旅行活动，组织学生对红色景点、自然景观、历史遗迹、博物馆等参观访问，可以帮助中小学生了解和传承中华优秀传统文化、革命传统文化，感受中华文化的独特魅力，激发学生对党、对国家、对人民、对家园的热爱，增强其道路自信、理论自信、制度自信、文化自信。研学旅行正是贯彻国家重大方针政策的重要举措。

二、是推动基础教育改革发展的重要途径之一。

2016 年 4 月，时任国务院副总理的刘延东在驻日使馆"日本中小学修学旅行及其对我的启示和相关建议"上作批示，指出："将修学旅行纳入中小学教育是方向"，"对于孩子了解国情、热爱祖国、开阔眼界、增长知识、实现全面发展十分有益"。推行中小学生研学旅行，把研学旅行与寻访红色足迹活动、弘扬中华传统美德活动、开展中国梦实践活动，以及亲近祖国山水、感受美好大自然活动等相结合，拓展视野，丰富知识，加深与自然界的亲近感，丰富对集体生活方式和社会公共道德的体验，培养中小学生的自理能力、创新精神和实践能力。而这些正是素质教育的目的所在。

三、是加强社会主义核心价值观教育的重要载体。

研学旅行依托自然和文化遗产资源、红色教育资源和综合实践基地等，让广大中小学生在研学旅行中实地感受祖国大好河山，感受中华传统美德，感受革命光荣历史，感受改革开放伟大成就，激发学生对党、对国家、对人民的热爱之情，增强学生对坚定"四个自信"的理解与认同，从而成为加强中小学德育、培育和践行社会主义核心价值观的重要载体。研学旅行突出集体活动，强调在集体中通过真实的集体生活锻炼学生的思想品德。在集体生活中，学生获得与同伴相处的机会，从而形成团结互助、诚实守信、遵纪守法、艰苦奋斗等良好品质，在潜移默化中培育和践行社会主义核心价值观；在集体生活中，学生树立了民主法治、自由平等、公平正义等理念，在现实生活中自觉地践行社会主义核心价值观。

四、是落实立德树人、全面育人教育目标的重要形式。

研学旅行继承和发展了中国传统"读万卷书，行万里路"的教育理念和人文精神，成为素质教育的新内容和新方式。研学旅行遵循教育规律，把学习与旅行实践相结合，将学校教育和校外教育有效衔接，强调学思结合，突出知行合一。"行万里路"，让学生的眼、耳、鼻、手、脚、脑等"动"起来，在研学旅行中学会动手动脑，学会生存生活，学会做人做事，促进身心健康。这就使学生在"润物细无声"中对自然与社会有一个全方面、立体式的直观了解，有助于培养学生的社会责任感、创新精神和实践能力，是落实立德树人根本任务和提高教育质量的重要形式。

3. 研学旅行的基本分类与特征

（1）研学旅行的基本分类

参照 2016 年 11 月教育部等 11 部门发布的《关于推进中小学生研学旅行的意见》、原国家旅游局 2016 年 12 月发布的《研学旅行服务规范》（2025 年 5 月已废止，替代文件《研学旅游服务要求》暂无同类表述）及 2017 年 8 月教育部发布的《中小学德育工作指南》（教基〔2017〕8 号）等相关文件，根据教学及市场推进需要，根据研学资源的类型、研学主题内容、实施地域和时间等的不同，对研学旅行的类别从研学资源、研学主题、德育主题三个方面进行分类区分。

1）依据研学资源分类

文旅部门发布的《研学旅行服务规范》中，将研学旅行产品按照资源类型分为知识科普型、自然观赏型、体验考察型、励志拓展型、文化康乐型等五种，研学旅行也可照此进行划分。

①**知识科普型**　主要包括依托各种类型的博物馆、科技馆、主题展览、动物园、植物园、历史文化遗产、工业项目、科研场所等资源开展的研学旅行活动。

②**自然观赏型**　主要包括依托山、川、江、湖、海、草原、沙漠等资源开展的研学旅行活动。

③**体验考察型**　主要包括依托农庄、实践基地、夏令营营地或团队拓展基地等资源开展的研学旅行活动。

④**励志拓展型**　主要包括利用红色教育基地、大学校园、国防教育基地、军营等资源开展的研学旅行活动。

⑤**文化康乐型**　主要包括依托各类主题公园、演艺影视城等资源开展的研学旅行活动。

2）根据研学主题分类

学校和教师组织研学旅行时，要根据教学课程目标，并基于学生发展的实际需求，设计活动主题和具体内容，教育部和各省市也把具有教学主题作为遴选命名国家级、省市级研学实践教育基地、营地的重要条件。结合研学旅行课程开发需要，可将研学旅行活动分为以下六种主题类型：

①**传统文化型**　传统文化型主题研学是主要依托旅游服务功能完善的文物保护单位、古籍保护单位、博物馆、非遗场所、优秀传统文化教育基地等单位开展的研学旅行活动，目的

是引导学生传承中华优秀传统文化核心思想理念、中华传统美德、中华人文精神，坚定学生的文化自觉和文化自信。

②**革命传统型** 革命传统型主题研学是主要依托爱国主义教育基地、革命历史类纪念设施遗址等单位开展的研学旅行活动，目的是引导学生了解革命历史，增长革命斗争知识，学习革命斗争精神，培育新的时代精神。

③**国情教育型** 国情教育型主题研学主要是依托体现基本国情和改革开放成就的美丽乡村、传统村落、特色小镇、大型知名企业、大型公共设施、重大工程等单位开展的研学旅行活动，目的是引导学生了解基本国情及中国特色社会主义建设成就，激发学生的爱党爱国之情。

④**国防科工型** 国防科工型主题研学是主要依托国家安全教育基地、国防教育基地、海洋意识教育基地、科技馆、科普教育基地、科技创新基地、高等学校、科研院所等单位开展的研学旅行活动，目的是引导学生学习科学知识，培养科学兴趣，掌握科学方法，增强科学精神，树立总体国家安全观，树立国家安全意识和国防意识。

⑤**自然生态型** 自然生态型主题研学是主要依托自然景区、城镇公园、植物园、动物园、风景名胜区、世界自然遗产地、世界文化遗产地、国家海洋公园、示范性农业基地、生态保护区、野生动物保护基地等单位开展的研学旅行活动，目的是引导学生感受祖国大好河山，树立爱护自然、保护生态的意识。

⑥**劳动实践型** 劳动实践型主题研学是主要依托综合实践基地，示范性农业基地，工业、农业、商业或服务业的生产基地或产业园等资源单位开展的研学旅行活动，目的是教育引导学生树立正确的劳动观，养成尊重劳动的情感，形成热爱劳动的习惯，学习基本的劳动技能。

3）根据德育主题分类

2017年8月教育部发布的《中小学德育工作指南》在阐述"实践育人"时指出，要"组织研学旅行"，"把研学旅行纳入学校教育教学计划，促进研学旅行与学校课程、德育体验、实践锻炼有机融合"，有针对性地开展自然类、历史类、地理类、科技类、人文类、体验类等多种类型的研学旅行活动。

在应用上述标准对研学旅行进行分类时，出于实践教学、工作实施推进的实际需要所划分出来的类型，有交叉或重叠现象，而不存在绝对的类别划分。

（2）研学旅行的基本特征

研学旅行活动通过旅行中开展的各种教育活动和学生的亲身体验，来实现实践育人的目标，具有如下基本特征：

①**校外活动** 研学旅行强调的是学生走出校门，走进自然和社会去学习，接受一种完全不同于学校教育的学习方式。学生在校内开展的一些兴趣小组活动、俱乐部活动、体育活动、校园文化活动等都不属于研学旅行的范畴。

②**主体固定** 广义的教育旅游的主体可以是任何抱着学习求知目的的旅行者，并不一定是学生，但研学旅行的主体明确为青少年学生。因此在进行研学旅行前期设计、课程开发、

服务机构与研学基地营地选择时，都要结合青少年学生的兴趣爱好和身心特点，科学编制研学内容、时间安排、活动距离、线路规划等。

③**目的明确**　研学旅行以"立德树人、培养人才"为根本目的，与一般的旅游活动不同，它是有目的、有意识地作用于学生身心变化的教育活动。学校组织研学旅行活动一定要围绕鲜明的主题来开发课程和设计线路，一定要有明确的活动主题、活动目的、活动方式，能起到培育学生社会责任感和创新精神，提升学生实践能力和核心素养的作用。

④**学校组织**　研学旅行是主要由学校组织的集体教育活动，不同于家长自发组织或其他社会团体组织的群体活动。研学旅行以年级或班级，乃至以学校为单位进行，"活动有方案，行前有备案，应急有预案"，学生在研学旅游指导师的带领下一起活动，共同体验，相互研讨。

⑤**产品多样**　随着研学旅行不断完善和深入，研学产品越来越多元化，除了以知识科普、自然观赏、体验考察、励志拓展、文化康乐等主题研学产品频频出现外，以现代动漫、影视、体育、科技、文学、历史、生物、探秘等为主题的特色研学产品正成为研学旅行的热点。

⑥**互动体验**　研学旅行在学习过程中强调学生必须有体验和互动，不是停留在看一看、玩一玩的"走马观花"形式上，而是要有动手制作、动脑思考、动口表达的互动机会。由此，研学旅行活动的开展应该让学生全程真正地参与其中，寓教于乐，寓乐于教。

⑦**跨界融合**　研学旅行需要学校、培训机构、旅行社，以及基地营地单位、研学旅行服务机构等多个行业、多种机构跨界融合，共同推动。只有各行各业彻底整合，才能推进研学旅行快速高质量发展。如研学与科技融合，可以将各类展馆、科技园区等打造成科技体验研学基地；研学与农业结合，可以将现代农业示范区打造成研究型或体验类农业研学基地。据有关研究报告，未来 3 ～ 5 年中国研学旅行市场总体规模将超千亿元，届时研学旅行跨界融合的特点将更加明显。

⑧**多方联动**　研学旅行工作是一项系统工程，需要国家宏观层面的政策支持、中观层面的学校与行业的支持、微观层面的专业服务机构与企业的支持，形成政府统筹协调、社会多方支持、各行各业联动的良性机制，这样才能整体推进中小学生研学旅行的全面实施。

4. 研学旅行与其他实践教育活动区别

中国的中小学生除了参与国家目前推行的研学旅行外，还参与综合实践活动、劳动教育、冬夏令营、春秋游和亲子游其他实践教育活动，这些活动在主办方、参与主体、参与目的、组织方式、出行时间等方面与研学旅行有所不同。

（1）综合实践活动的概念

2017 年，教育部印发《中小学综合实践活动课程指导纲要》（教材〔2017〕4 号），明确指出中小学综合实践活动是从学生的真实生活和发展需要出发，从生活情境中发现问题，转化为活动主题，通过探究、服务、制作、体验等方式，培养学生的综合素质，是一门跨学科实践性课程。该课程由地方统筹管理和指导，具体内容以学校开发为主，自小学一年级至高中三年级全面实施。在课程属性上，综合实践活动是动态开放性的跨学科实践课程，强调从学生的真实生活和发展需要出发，选择并确定活动主题，鼓励学生根据实际需要，对活动过程进行调整和改进，实现活动目的。注重引导学生在实践中学习，在探究、服务、制作、体验中学习，并能分析和解决现实问题。综合实践活动涉及多门学科知识，非某门学科知识的系统学习，也不同于某一门学科中的实践、实验环节，是一门综合性的跨学科实践课程。研学旅行可归属为综合实践活动的考察探究类。

（2）劳动教育的概念

2020年《大中小学劳动教育指导纲要（试行）》指出："劳动教育是新时代党对教育的新要求，是中国特色社会主义教育制度的重要内容，是全面发展教育体系的重要组成部分，是大中小学必须开展的教育活动。劳动是创造物质财富和精神财富的过程，是人类特有的基本社会实践活动"，"劳动教育是发挥劳动的育人功能，对学生进行热爱劳动、热爱劳动人民的教育活动。当前实施劳动教育的重点是在系统的文化知识学习之外，有目的、有计划地组织学生参加日常生活劳动、生产劳动和服务性劳动，让学生动手实践、出力流汗，接受锻炼、磨炼意志，培养学生正确的劳动价值观和良好劳动品质"。在评价标准上，要求将劳动教育纳入大中小学必修课程，将劳动素养纳入学生综合素质评价体系，把劳动素养评价结果作为衡量学生全面发展情况的重要内容，作为评优评先的重要参考和毕业依据，也作为高一级学校录取的重要参考或依据。在课程设置上，要求大中小学设立必修课程和劳动周，同时强调其他课程有机融入劳动教育内容和要求。

（3）冬夏令营的概念

20世纪90年代初，随着国外营地教育在中国兴起，一些学校或旅行社、校外教育机构在寒暑假开展夏令营、冬令营活动，营地活动有军事、素质拓展、英语、艺术、科技等不同主题。美国营地协会1998年给出的定义：营地教育是一种在户外以团队生活为形式，并能够达到创造性、娱乐性和教育意义的持续体验，通过领导力培训以及自然环境的熏陶，帮助每一个营员达到生理、心理、社交能力以及心灵方面的成长。现代意义上的营地教育以教育学和发展心理学等跨学科理论与实践为依据，旨在传授知识、培养能力、提高素质，鼓励和引导青少年发现潜能，培养他们在21世纪经济全球化与社会多元化背景下共处、共赢所需的意识与能力，包括跨文化沟通与交流能力、领导力、生存能力、服务精神等多个方面。

（4）春秋游和亲子游的概念

中国中小学开展春游、秋游由来已久，它源自中国踏青、踏霜、郊游等民间传统习俗。在春光明媚的春季或秋高气爽的秋季，学校组织学生走进大自然，呼吸新鲜的空气，或感受丰收的喜悦，往往给学生留下一段郊游野外、增进友谊、开阔视野的美好时光。从前学校很少有其他校外活动，春秋游是非常受师生欢迎的一种活动形式。春秋游的出游空间以城市周边近郊为主，出游时间大多只安排一天，出行交通方式为步行或乘坐旅游客车，出游内容没有严格规定，性质上就是学生一日游。

亲子游是由教育机构或旅行社利用中小学生包括周末在内的各类法定假期，组织开展的与父母同行并采取社会招募模式的一种亲子型活动方式，一般以家庭为单位自主开展。

（5）社会大课堂的概念

2008年，北京市为营造全社会共同育人的教育环境和育人机制，利用首都丰富的资源优势，面向全市启动社会大课堂工作，创新地建立了北京独具特色的校外教育形式。社会大课堂活动一共统筹了北京市1300多个博物馆、工厂、社区、农村、院校资源单位作为学生素质实践教育的场所，使得社会大课堂成为学校教育的延伸，是校内教育和校外教育的有效衔接。社会大课堂的特点是课程开发特色化，有学校校本课程、网络课程、社区课程和资源单位课程；组织形式立体化，校级组织、家委会组织、社团组织、资源单位组织，旅行社第三方参与；时间安排多样化，周内开展、周末开展、假期开展均可；经费保障政府化，社会大课堂有专项经费。但社会大课堂不是必修课程。

综合实践活动、劳动教育、研学旅行三者之间的关系目前还没有定论。一种较为广泛的看法是，三者是当前和今后校外实践教育的三大核心要点，研学旅行和劳动教育都是综合实践活动的主要组成部分，二者融合共生，助推综合实践教育发展。在研学旅行等综合实践活动主题中设计劳动活动，是劳动教育的主阵地。当然，这种关系并非完全对应和被包容的关系，正是因为研学旅行有更广阔的空间而劳动教育有更深刻的内涵，研学旅行和劳动教育才能成为独立的体系，地位更加凸显。

同时，研学旅行与劳动教育不仅在理论上有强烈共鸣，在实践上也能够实现产业深处的无缝对接。就重大意义和工作目标而言，研学旅行和劳动教育都以立德树人、培养人才为目的，旨在让学生学会生存和生活，实现知行合一，促使他们形成正确的世界观、人生观和价值观，培养他们成为德智体美劳全面发展的社会主义建设者和接班人。从产业角度来看，研学旅行并没有规定的主题，或者说，一切主题都可以纳入研学旅行的视野和范围中。在旅游活动中，只要打通劳动教育、研学旅行、综合实践活动的界限隔阂，回归教育本义，一切都将水到渠成。

各种实践教育活动的区别如表1-1-1所示：

表 1-1-1 主要实践教育活动区分一览表

活动名称	活动特点		
	组织形式	活动时间	课程内容
综合实践活动	义务教育和普通高中课程方案规定的必修课程，与学科课程并列设置，从小学到高中，各年级全面实施，所有学生都要学习和参加	小学一到二年级，平均每周不少于1学时；小学三到六年级和初中，平均每周不少于2学时；高中执行课程方案，要求完成规定学分	综合实践课程不仅有明确的课程目标，还要求对活动内容进行选择和组织，对活动方式进行认真设计，对活动过程和结果进行科学评价等，具备作为一门课程的基本要素

（续表）

活动名称	活动特点		
	组织形式	活动时间	课程内容
劳动教育	作为综合实践中职业体验部分，由教育部门和学校有计划地组织安排学生参加日常生活劳动、生产劳动和服务性劳动	中小学劳动教育课程平均每周不少于1学时；职业院校开设劳动专题教育必修课程，不少于16学时；本科阶段不少于32学时	有明确的目标和体系，要求中小学、职业院校、普通高等学校全面开展，纳入教学计划
冬夏令营	由教育机构或旅行社利用中小学生寒暑假组织开展的学习和训练活动，通常采取社会招募模式	寒暑假，没有具体时间限定	以主题性活动为主，没有体系性课程，非必修
春秋游、亲子游	春秋游一般是上学期间学校组织学生走进大自然近郊的郊游活动；亲子游是与父母同行并采取社会招募模式的亲子型活动方式	春秋游一般在上学期间，以1天为主；亲子游一般在法定节假日出行	一般没有主题活动课程方案，非必修
社会大课堂	组织形式多样化,学校、家委、社团、资源单位、旅行社等都可自行组织	无固定时间安排,周内、周末、假期均可开展	课程结合校本课程、社区课程、资源单位课程进行融合特色定制化设计

思考与练习

思考题

1.研学旅行有哪些基本类型?

2.研学旅行与冬夏令营有什么区别?

任务二 研学旅行发展现状

学习目标

- 熟悉和了解研学旅行的历史、发展及现状。

学习任务导图

```
                                        ┌─ 中国古代的游学
                        研学旅行的历史渊源 ├─ 近代修学旅行
                        │                └─ 现代修学旅行
研学旅行发展现状 ─┤
                        │                ┌─ 研学旅行的启动阶段
                        研学旅行发展阶段及状况 ├─ 研学旅行的试点阶段
                                         ├─ 研学旅行普及阶段
                                         └─ 已呈现出规模发展的态势
```

任务内容

　　研学旅行，从教育部 2012 年开始试点，到 2016 年教育部等 11 部门联合出台《关于推进中小学生研学旅行的意见》文件，意味着研学旅行已经从国家层面完全被纳入学校教育教学计划，并在全国各地得到全面开展。研学旅行继承和发展了"读万卷书，行万里路"的游学传统和人文精神，成为素质教育的新内容和新形式。从古代到现在，中国研学旅行主要经历了古代游学、近代修学旅行和现代修学旅行三个时期，展现了中国研学旅行的起源。

1. 研学旅行的历史渊源

（1）中国古代的游学

古代游学的出现和形成，可以追溯到"礼崩乐坏""诸侯争霸"的春秋战国时期。《史记·孔子世家》记载，鲁定公十四年（前496年），56岁的孔子带着弟子们周游列国，开启了中国古人游学之风。孔子与弟子们周游列国长达14年之久，历尽艰辛。他们一路读书问道，一边向诸侯国国君游说，一边开坛授课，广招门徒。其游学足迹遍及卫、陈、鲁、宋、郑、蔡、楚诸国，有些地方至今还保留着有关孔子的遗迹。孔子在周游列国途中，将边游边学的游学精神表现得淋漓尽致。可以这样说，孔子堪称中国游学的鼻祖。先秦诸子百家中的许多代表人物都曾通过游学推行自己的学说及治国之道。

在游历中感受山水，在感受山水中体悟人生，在体悟人生中深思求索，在深思求索中寻得哲理。孔子的思想是闪耀着光辉的教育瑰宝。"读万卷书，行万里路"的人文精神一直被后世所尊崇。

到汉魏时期，读书人游学之风尤盛，其中最具代表性的人物就是《史记》的作者司马迁。他在《太史公自序》中写道，自己的游学路线是"二十而南游江、淮，上会稽，探禹穴，闚九疑，浮于沅、湘；北涉汶、泗，讲业齐、鲁之都，观孔子之遗风，乡射邹、峄；厄困鄱、薛、彭城，过梁、楚以归"。一番游学，司马迁跑遍了大半个中国，实地考察了各地的风土人情、遗迹遗风，这对他创作《史记》意义非凡。这个过程让他获得了知识与经验的双重积累。这次游学不仅使他对中国的山川地貌、风土人情、历史故事更为了解，而且使他领略到了无限的时空、不羁的自由和一种精神的存在感。这些经历为他以后人格品质的塑造和史学巨著的编写奠定了良好基础。

中华文化源远流长，游学的名人故事不胜枚举。唐代诗人杜甫"出游翰墨场"，与文士们郊游，到吴越，赴洛阳，游齐赵。陆游的教子诗曰"纸上得来终觉浅，绝知此事要躬行"。南宋诗人巩丰在《送汤麟之秀才往汉东从徐省元教授学诗》中写道："士游乡校间，如舟试津浦。所见小溪山，未见大岛屿。一旦远游学，如舟涉江湖。"这几句诗形象地描绘了古代学子远行求学的心态和艰辛。明朝的徐霞客，他的游学经历成就了《徐霞客游记》，该游记为中国的地理学和文学作出了卓越的贡献。

隋唐时期，中国社会经济、文化空前繁荣，为游学的开展创造了良好的社会条件。游学备受当时学者的青睐，产生了求学之游、求士之游、体验之游。唐代诗人李白"且放白鹿青崖间，须行即骑访名山"，随时准备来一场说走就走的旅行，好不率性潇洒。杜甫曾用《壮游》一诗描述了"东下姑苏台，已具浮海航。到今有遗恨，不得穷扶桑"的惆怅。玄奘于唐贞观年间独自一人西行五万里，前后17年，亲身游历110多个国家，学遍当时的大小乘各种学说，翻译佛经75部。他被鲁迅先生称赞"舍身求法"，是世界和平友好的杰出使者。

明朝时期，游学成为一般士子成长的必要历练。"游圣"徐霞客更是古代教育旅行的代表性人物之一，旅行生涯前后长达35年。其游历范围涵盖今江苏、浙江、安徽、山东、河北、贵州、云南和江西等在内的共计19个省、自治区、直辖市，基本走遍了明朝的大部分统治区域。他的旅行将陶冶性情、开阔视野、探险考察三者融合在一起，使旅行成为一项综合性活动，具有非常明显的教育性和求知性，其以旅行经历为基础所著的《徐霞客游记》具有地理学、文学等多方面的价值。

明末清初提倡实学的士大夫们，在学术上反对义理之学，提倡富国实用、经世致用、注重实际、鉴往训今的实学，在治学方法上反对"死读书、读死书"的书斋式教学方法，主张"读万卷书，行万里路"，还有些文人学士不肯屈服于朝廷统治，遂逃离仕途，潜游山水。清人魏源因为处于清朝各种矛盾已趋白热化之时，敏锐地感到世事将有大变，读书人要有大作为，不能死读经书，抱残守缺，而要把经世致用思想与爱国主义情操紧密联系起来，实现自己的报国志向。他将士大夫之游分为游观、游仕与游历。游观即通过"游"领略山水之美，他不仅爱登山远眺，而且爱徜徉江河湖泊。所谓游仕即通过"游"考察社会，体察民情，激发自己深入思考，获得令自己鼓舞和振奋的精神力量，实现经世致用的抱负。游历则旨在通过经历、体验，感悟世事人生。他的游学观，对后来的湖南学子影响巨大。

（2）近代修学旅行

20世纪30年代，著名教育家陶行知先生在一篇名为《中国普及教育方案商讨》的论文中提出"修学旅行应该特别提倡"。他抱着教育救国的理想，积极倡导"知行合一"。他认为"行是知之始，知是行之成"。他先后组织新安小学的"新安旅行团"走向社会，在长途旅行中学习。师生们通过唱歌、劳动、放映抗日救亡电影、卖进步书报、爱国演讲等办法自筹经费，欣赏江南风光，观察、学习沿途地理、风俗、民情，了解工业文明。旅途中学生们友爱互助，增进情感，学到了很多在学校接触不到的知识。学生们还参观了淞沪抗日战场等，了解爱国军民奋起抗战的英勇事迹，增强了他们对国家、对民族的责任感。生活教育理论是陶行知先生教育思想的理论核心，他提出了"生活即教育""社会即学校""教学做合一"三大主张，成为中国教育的典范，开创了中国研学旅行的先河，"新安旅行团"的事迹更是闻名国内外。

（3）现代修学旅行

不同社会发展时期对教育的要求不同。针对时代要求，中华人民共和国成立以来，很多学校组织了各种带有研学性质的学工学农学军实践、勤工俭学、爱国主义教育实践、红色旅游、历史文化探源、地质生物考察、走访参观、春游、秋游、校外综合实践、冬令营、夏令营、课外研究性学习、社会大课堂等活动。这些活动与"走出课堂，走出学校，走到生活、社会、自然当中进行研学"以及陶行知先生倡导的"生活即教育""社会即学校"的理念是一脉相承的。

2013 年，国务院办公厅印发《国民旅游休闲纲要（2013—2020 年）》，倡导"逐步推行中小学生研学旅行"。这份文件的出台使研学旅行正式进入国家层面。此后又有系列政策出台，研学旅行开始受到教育界、旅游界和学生家长们的普遍关注。

在新的历史条件下，为了全面贯彻和落实党的教育方针，推动中国教育事业健康发展，把握时代脉搏，尊重教育规律，体现素质教育，坚持立德树人、以人为本，研学旅行应运而生。

2. 研学旅行发展阶段及状况

（1）研学旅行的启动阶段

自从 20 世纪 90 年代以来，世界各国不断加强设计实施综合实践活动课程，美国各州中小学设计和实施了"设计学习"（Projector Design Learning）、"应用学习"（Applied Learning）；法国中小学推广"动手做"（hands-on）；1999 年日本颁布《小学、初中、高中学习活动纲要》，规定中小学必须实施"综合学习时间"，要求设计和实施"基于课题的探究学习活动"和"体验性学习活动"。

中国 20 世纪 90 年代初提出教育改革并全面推行素质教育，许多地方将"研学旅行"作为一种重要的教改方式来探索。如 2003 年上海成立了中国首个"修学旅行中心"，该中心组织编写出版了《修学旅行手册》一书，倡议江苏、浙江、安徽等地区联合打造华东研学旅行文化游黄金线路。2006 年，山东曲阜举办了"孔子修学旅行节"，这是中国第一个以儒家文化为主题的修学旅行节庆活动，也是中国第一个修学节庆活动。2018 年广东省把研学旅行列为中小学必修课，写进教学大纲。

早在 2001 年，教育部就颁布《基础教育课程改革纲要（试行）》，启动重大课程改革，俗称"新课改"。"新课改"的一个重要内容就是在九年义务教育阶段和高中阶段增设综合实践活动为必修课，与学科课程并列设置，从小学到高中，各年级全面实施，所有学生都要参加学习。2010 年 7 月 29 日发布的《国家中长期教育改革和发展规划纲要（2010—2020 年）》明确提出，学校要把减负落实到教育教学的各个环节之中，要给学生留下了解社会、深入思考、动手实践、健身娱乐的时间。《纲要》还明确提出，要提高教师业务素质，改进教学方法，增强课堂教学效果，减少作业量和考试次数，培养学生学习兴趣和爱好。《纲要》还特别提出高中教育阶段要积极开展研究性学习、社区服务和社会实践。

到 2017 年，教育部又颁布《中小学综合实践活动课程指导纲要》，从课程理念、课程目标、课程内容和活动方式、课程规划与实施、课程管理与保障等方面，对该课程进行了全面而详尽的界定。同时明确了研学旅行是综合实践活动的重要活动形式，是"通过探究、服务、制作、体验等方式培养学生综合素质的跨学科实践性课程"，至此，我国中小学研学旅行以完整的课程化方式嵌入义务教育阶段和高中阶段学校的课程体系中。

研学旅行的政策出台起源于 2012 年时任教育部部长袁贵仁访问日本的一次经历，他回国后曾表示："我这次访问日本，对日本成群结队修学旅行印象极为深刻。对比之下，也深感我们的教育方式确有应改进的地方，否则孩子的身心健康，集体主义、爱国主义情感的养成都将留下不足。如全面推进做不到，个别地方、一些学校是可以试行的。如果有计划地推进，不断加以倡导，逐步扩大范围，是会有效果的，我觉得这是一件很大的事，问题在于经费，特别是安全。"之后，教育部以日本的修学旅行为起点，又逐步研究英国、俄罗斯、美国等国家有关研学旅行、营地教育等方面的政策。

（2）研学旅行的试点阶段

2012年，教育部副部长刘利民指示："修学旅行作为中小学成长过程不可或缺的教育形式十分重要，日本已经有多年的经验和成功的做法。请你们认真领会袁部长的指示，结合我国实际，逐渐引进这种教育理念。可否先找一两个省试点，摸索经验，结合地方实际，因地制宜做起来。"

2012年11月，教育部启动中小学研学旅行工作研究项目，指定合肥、上海、西安、杭州四个城市为全国首批研学旅行试点城市。

2013年2月，国务院办公厅出台了《国民旅游休闲纲要（2013—2020年）》，该纲要指出要逐步推行中小学研学旅行。这是为满足教育的发展需要，从国家层面上提出推行研学旅行的设想。

2014年3月4日，教育部原基础教育一司发布《关于进一步做好中小学生研学旅行试点工作的通知》，决定在前期试点基础上进一步扩大范围，在河北省、上海市、江苏省、安徽省、江西省、广东省、重庆市、陕西省、新疆维吾尔自治区进行试点。

2014年12月，教育部在京召开全国研学旅行试点工作推进会议，西安市及合肥市的相关做法与经验获得教育部的高度肯定并向全国试点城市推广。研学旅行试点已经完成，进入了下一个发展阶段。

（3）研学旅行普及阶段

2016年被称为研学旅行的元年，2016年11月30日，教育部等11部门联合出台了《关于推进中小学生研学旅行的意见》，要求把研学旅行纳入中小学教育教学计划。2016年12月23日，教育部在江苏镇江召开"全国校外教育经验交流暨研学旅行工作部署会"，西安市教育局和安徽省教育厅等介绍研学旅行工作经验。2017年被称为研学旅行的推广年，各地研学旅行政策密集出台，研学旅行成为新的行业热点。2018年是研学旅行脚踏实地的实践年，经全国各省份的广泛响应，研学旅行逐步向市县推行，诞生了多家研学旅行公司、研学旅行课程开发公司。2019年研学旅行开始向专业化发展，2019年2月中国旅行社协会与高校毕业生就业协会联合发布了《研学旅行指导师（中小学）专业标准》和《研学旅行基地（营地）设施与服务规范》。2019年10月18日，教育部发布文件增补"研学旅行管理与服务"专业，归属旅游大类中的旅游类，修业年限3年。（2024年6月，人社部将"研学旅行指导师"更名为"研学旅游指导师"，本书统一使用"研学旅游指导师"名称。）

（4）已呈现出规模发展的态势

2019 年 3 月教育部教育发展研究中心研学旅行研究所发布了《全国中小学生研学旅行状况调查报告》，对 31 个省（自治区、直辖市）的 3946 所学校、3.3 万名家长进行的中小学生研学旅行实施情况调研结果显示，2017 年全国学校平均参与率为 38%，2018 年已达到 50%。2017 年上海、江苏、山东、湖北、天津、辽宁等省份的学校参与率均超过了 50%，2018 年重庆、内蒙古、北京、浙江、黑龙江、新疆、福建等省份的学校参与率也超过了 50%。研学旅行在全国已经初步形成规模化发展态势：

①**初步完成覆盖全国的基地营地布局** 从 2017 年到 2018 年，教育部在中央专项彩票公益金的支持下，在国家有关基地主管部门和各省级教育行政部门推荐的基础上，经专家评议和营地实地核查及综合评定，分两批在全国遴选命名了 621 个研学实践教育基地和营地，构建起以营地为枢纽、基地为站点的全国研学实践教育体系，并建立了全国中小学生研学实践教育网络平台。

②**形成一些富有地方特色的管理模式** 各级政府开始高度重视研学旅行工作，许多地方规模化有序推进，形成了一些富有地方特色的管理模式，例如陕西西安模式、湖北宜昌模式、河南郑州模式等。以湖北省为例，已初步形成了以教育部和省教育厅命名的中小学生研学实践教育营地基地为主体，以市州县区多渠道自建基地、青少年校外活动中心、乡村学校少年宫等为一翼，以教育系统外举办的各种未成年人校外活动场所如科技馆、博物馆、革命传统教育基地等为另一翼的"一主两翼"格局。在宜昌，形成了"政府（市教育局）统筹＋学校＋基地（营地）＋家长委员会＋旅行社"的"1 ＋ 4"运行管理模式。

③**基本建成研学旅行的课程化体系** 教育部在 2017 年印发的《中小学综合实践活动课程指导纲要》中明确指出，课程的性质是"从学生的真实生活和发展需要出发，从生活情境中发现问题，转化为活动主题，通过探究、服务、制作、体验等方式，培养学生综合素质的跨学科实践性课程"；课程开发要面向学生完整的生活世界，引导学生从日常学习生活、社会生活或与大自然的接触中提出具有教育意义的活动主题，使学生获得关于自我、社会、自然的真实体验，建立学习与生活的有机联系。基于此，以优秀传统文化、革命传统教育、国情教育、国防科工、自然生态等五大板块为主题，全国各地已经打造了一批精品课程和精品线路。教育部教育发展研究中心 2019 年 6 月对全国研学实践教育营地的问卷调研显示，仅 40 家国家级营地就已经开发了 1123 门课程、541 条线路。

思考与练习

思考题

请简单描述研学旅行的发展历程及各阶段的特点。

任务三　研学旅行政策法规

学习目标

- 了解研学旅行相关政策法规文件；
- 掌握基地营地定义及属性功能；
- 熟悉研学旅行相关的法律法规。

学习任务导图

研学旅行政策法规
- 试点启动阶段（2012—2016 年）
- 普及推广阶段（2016—2020 年）
- 融合发展阶段（2020 年至今）
- 其他法律法规

任务内容

1. 试点启动阶段（2012—2016 年）

① 2013 年 2 月 2 日，国务院办公厅发布《国民旅游休闲纲要（2013—2020 年）》，首次将研学旅行提升到国家倡导的层面，并明确提出要"逐步推行中小学生研学旅行"，"鼓励学校组织学生进行寓教于游的课外实践活动，健全学校旅游责任保险制度"，为全面推进研学旅行创造了历史性机遇。

② 2014 年 7 月 14 日，教育部发布《中小学学生赴境外研学旅行活动指南（试行）》，

对"境外研学旅行"概念进行了表述，对举办者安排活动的教学主题、内容安排、合作机构选择、合同订立、行程安排、行前培训、安全保障等内容提出指导意见，特别是在操作方面，规范了带队老师人数、教学内容占比、协议规定事项、行前培训等具体内容，为整个行业活动明确了基本标准和规则。

③ 2014年8月9日，国务院发布《关于促进旅游业改革发展的若干意见》。该意见把"积极开展研学旅行"列为独立条目，进一步明确：按照全面实施素质教育的要求，将研学旅行、夏令营、冬令营等作为青少年爱国主义和革命传统教育、国情教育的重要载体，纳入中小学生日常德育、美育、体育教育范畴，增进学生对自然和社会的认识，培养其社会责任感和实践能力。《意见》提出，按照教育为本、安全第一的原则，建立小学阶段以乡土乡情研学为主、初中阶段以县情市情研学为主、高中阶段以省情国情研学为主的研学旅行体系。加强对研学旅行的管理，规范中小学生集体出国旅行。支持各地依托自然和文化遗产资源、大型公共设施、知名院校、工矿企业、科研机构，建设一批研学旅行基地，逐步完善接待体系。同时，鼓励对研学旅行给予价格优惠。

④ 2015年8月4日，国务院办公厅发布《关于进一步促进旅游投资和消费的若干意见》，提出通过改革创新促进旅游投资和消费。该意见提出6方面26条具体措施，并指出旅游业是中国经济社会发展的综合性产业，是国民经济和现代服务业的重要组成部分。在"实施旅游消费促进计划，培育新的消费热点"中提出"支持研学旅行发展"。该意见明确提出："把研学旅行纳入学生综合素质教育范畴。支持建设一批研学旅行基地，鼓励各地依托自然和文化遗产资源、红色旅游景点景区、大型公共设施、知名院校、科研机构、工矿企业、大型农场开展研学旅行活动。建立健全研学旅行安全保障机制。旅行社和研学旅行场所应在内容设计、导游配备、安全设施与防护等方面结合青少年学生特点，寓教于游。加强国际研学旅行交流，规范和引导中小学生赴境外开展研学旅行活动。"

2. 普及推广阶段（2016—2020 年）

① 2016年11月30日，教育部等11部门联合发布《关于推进中小学生研学旅行的意见》。这是由教育部、国家发展改革委、公安部、财政部、交通运输部、原文化部、原食品药品监管总局、原国家旅游局、原保监会、共青团中央、原中国铁路总公司联合制定的。该意见主要从重要意义、工作目标、基本原则、主要任务、组织保障等几方面，对全国中小学生研学旅行工作的推进提出明确要求，将研学旅行正式纳入中小学教育教学计划，要求各地采取有力措施，推动研学旅行健康快速发展。

② 2016年12月19日，原国家旅游局批准发布《研学旅行服务规范》，2017年5月1日起实施。该文件规定了研学旅行服务的术语和定义、总则、服务提供方基本要求、人员配置、研学旅行产品、研学旅行服务项目、安全管理、服务改进和投诉处理，适用于中华人民共和国境内组织开展研学旅行活动的旅行社和教育机构。

③2017年1月19日，国务院发布《关于印发国家教育事业发展"十三五"规划的通知》（国发〔2017〕4号）。该通知指出要强化学生实践动手能力，践行知行合一，将实践教学作为深化教学改革的关键环节，丰富实践育人的有效载体，广泛开展社会调查、生产劳动、志愿服务、公益活动、科技发明和勤工助学等社会实践活动，深化学生对书本知识的认识。加强劳动教育，充分发挥劳动综合育人功能。制定中小学生综合实践活动指导纲要，注重增强学生实践体验，鼓励有条件的地区开展中小学生研学旅行和各种形式的夏令营、冬令营活动。建设一批具有良好示范带动作用的研学旅行基地和目的地。

④2017年8月17日，教育部发布《中小学德育工作指南》。该指南在阐述"实践育人"时指出"组织研学旅行"。

⑤2017年9月25日，教育部发布《中小学综合实践活动课程指导纲要》。教育部在总结过去十几年理论和实践探索的基础上，结合立德树人根本任务的要求，对综合实践活动课程的性质、目标、内容、实施、管理及保障等都做了明确的规定。该指导纲要的出台，进一步明确了研学旅行的具体实施方向和细则，也为实践育人的理念落实到具体课程设置和教学行为中提供行动指南，对于进一步加强和巩固综合实践活动课程的独立地位，引领综合实践活动课程的发展方向，澄清实践中的模糊认识，规范综合实践活动课程的有效实施都有着重要的意义。

⑥2017年7月17日，教育部办公厅发布《关于开展2017年度中央专项彩票公益金支持中小学生研学实践教育项目推荐工作的通知》（教基厅函〔2017〕25号）。文件指出，为贯彻教育部等11部门《关于推进中小学生研学旅行的意见》精神，落实立德树人根本任务，帮助中小学生了解国情、热爱祖国、开阔眼界、增长知识，着力提高中小学生的社会责任感、创新精神和实践能力，"十三五"期间，教育部利用中央专项彩票公益金支持开展中小学生研学实践教育项目，将在各地遴选、命名一批"全国中小学生研学实践教育基地"和"全国中小学生研学实践教育营地"，广泛开展中小学生研学实践教育活动，并就2017年度项目推荐工作做了具体通知。

⑦2017年12月6日，教育部办公厅发布《关于公布第一批全国中小学生研学实践教育基地、营地名单的通知》（教基厅函〔2017〕50号），命名中国人民革命军事博物馆等204个单位为"全国中小学生研学实践教育基地"，河北省石家庄市青少年社会综合实践学校等14个单位为"全国中小学生研学实践教育营地"。

⑧2018年10月31日，教育部办公厅发布《关于公布2018年全国中小学生研学实践教育基地、营地名单的通知》（教基厅函〔2018〕84号），命名中国人民解放军海军南海舰队军史馆等377个单位为"全国中小学生研学实践教育基地"，北京市自动化工程学校等26个单位为"全国中小学生研学实践教育营地"。

3. 融合发展阶段（2020 年至今）

① 2020 年 3 月 20 日，中共中央、国务院发布《关于全面加强新时代大中小学劳动教育的意见》：

> 为构建德智体美劳全面培养的教育体系，就加强新时代大中小学劳动教育提出如下意见：
>
> 一、充分认识新时代培养社会主义建设者和接班人对加强劳动教育的新要求；二、全面构建体现时代特征的劳动教育体系；三、广泛开展劳动教育实践活动；四、着力提升劳动教育支撑保障能力；五、切实加强劳动教育的组织实施。

《意见》从劳动教育的重大意义和指导思想、基本原则，以及劳动教育的基本内涵和总体目标、课程体系设置、内容要求、评价制度等方面做了阐述。并强调家庭、学校、社会多方共育，从多渠道多方面加强实践场所、人才培养、经费投入、安全保障。《意见》还对组织领导、强化监督、加强宣传方面作了阐述。

② 2021 年 5 月 11 日，教育部印发《普通高中课程方案和语文等学科课程标准（2017 年版 2020 年修订）》。课程标准指出：

> 综合实践活动共 8 学分，包括研究性学习、党团活动、军训、社会考察等，研究性学习 6 学分（完成 2 个课题研究或项目设计，以开展跨学科研究为主）。劳动共 6 学分，其中志愿服务 2 学分，在课外时间进行，三年不少于 40 小时；其余 4 学分内容与通用技术的选择性必修内容以及校本课程内容统筹。

③ 2021 年 4 月 29 日，文化和旅游部印发《"十四五"文化和旅游发展规划》，以贯彻落实《中华人民共和国国民经济和社会发展第十四个五年规划和 2035 年远景目标纲要》和国家"十四五"文化改革发展规划，加快推进文化和旅游发展，建设社会主义文化强国。《规划》中与研学旅行相关的重点摘抄如下：

> 四、完善文化遗产保护传承利用体系
>
> ……建设集传承、体验、教育、培训、旅游等功能于一体的传承体验设施体系。加强国家非物质文化遗产专业研究力量，建设一批非物质文化遗产研究基地。结合国家重大战略加强非物质文化遗产保护传承，建立区域保护协同机制。加大非物质文化遗产传播普及力度，开展宣传展示交流等活动。推出一批具有鲜明非物质文化遗产特色的主题旅游线路、研学旅游产品。……
>
> 七、完善现代旅游业体系
>
> ……突出爱国主义和革命传统教育，提升红色旅游发展水平，推进红色旅游人才队伍建设。……举办红色故事讲解员大赛，组织红色研学旅行活动。……
>
> ……研学旅行示范基地创建：开展国家级研学旅行示范基地创建工作，推出一批主题鲜明、课程精良、运行规范的研学旅行示范基地。……
>
> 十、推进文化和旅游融合发展
>
> ……推进文化、旅游与其他领域融合发展。利用乡村文化资源，培育文旅融合业态。发展工业旅游，活化利用工业遗产，培育旅游用品、特色旅游商品、旅游装备制造业。促进文教结合、

旅教结合，培育研学旅行项目。发展中医药健康旅游，建设具有人文特色的中医药健康旅游示范区（基地）。……

④2021年5月11日，工信部等印发《推进工业文化发展实施方案（2021—2025）》。《方案》从重点要求、重点任务、保障措施、组织实施几个方面进行了阐述，与研学旅行相关的重点摘抄如下：

（三）主要目标。

……建立一批工业文化教育实践基地，传承弘扬工业精神；推动工业文化在服务全民爱国主义教育，满足并引领人民群众文化需要，增强人民精神力量等方面发挥积极作用，推动形成工业文化繁荣发展的新局面。

（七）开展工业文化教育实践。

发挥工业文化研学教育功能，鼓励各地利用工业遗产、老旧厂房等设施培育一批工业文化研学实践基地（营地）。创新工业文化研学课程设计，开展工业科普教育，培养科学兴趣，掌握工业技能。

（九）完善工业博物馆体系。

……鼓励利用和共享馆藏资源，开发教育、文创、娱乐、科普产品，举办各类工业文化主题展览、科普教育、文创体验和研学实践活动。

（十四）发挥中介机构作用。

充分发挥行业协会和各类社会组织作用。支持行业组织研究制定标准规范，开展工业文化资源调查，建立资源库，加强工业文化产业的市场监测和经济运行分析，发布研究报告；引导工业文化的研究应用与推广，宣贯相关政策，指导企业开展文化建设、管理创新、国际交流等工作。支持高校、高职院校、企事业单位和地方建立专业化程度高、业务能力强的工业文化相关机构，打造一批工业文化领域公共服务平台，充分调动社会力量参与工业文化建设，营造共商共建共享的良好氛围。

⑤2021年7月24日，中共中央办公厅、国务院办公厅印发《关于进一步减轻义务教育阶段学生作业负担和校外培训负担的意见》，以深入贯彻党的十九大和党的十九届五中全会精神，切实提升学校育人水平，持续规范校外培训（包括线上培训和线下培训），有效减轻义务教育阶段学生过重作业负担和校外培训负担。

⑥《教育部办公厅、中国科协办公厅关于利用科普资源助推"双减"工作的通知》《共青团中央办公厅、教育部办公厅、全国少工委办公室关于印发＜落实中央"双减"有关要求，推进少先队实践教育重点项目实施方案＞的通知》《教育部等十部门关于印发＜全面推进"大思政课"建设的工作方案＞的通知》等文件，都有与研学旅行相关联的概念及描述。

⑦2022年3月25日，教育部印发义务教育课程方案和课程标准（2022年版）。该文件以习近平新时代中国特色社会主义思想为指导，全面贯彻党的教育方针，遵循教育教学规律，落实立德树人根本任务，发展素质教育。坚持德育为先，提升智育水平，加强体育美育，

落实劳动教育。反映时代特征，努力构建具有中国特色、世界水准的义务教育课程体系。聚焦中国学生发展核心素养，培养学生适应未来发展的正确价值观、必备品格和关键能力，引导学生明确人生发展方向，成长为德智体美劳全面发展的社会主义建设者和接班人。

《义务教育劳动课程标准（2022年版）》中，与研学旅行有交叉关联的部分要点摘抄如下：

一是统筹和利用好社会、家庭和学校的现有资源。结合当地历史文化、自然资源及本校校情等，利用当地博物馆、非物质文化遗产馆、生态园、茶艺馆、校史馆、研学基地等劳动教育资源和空间，实行"一区一案""一校一案""一家一案"等，开展个性化的劳动周活动。

⑧ 2025年4月30日，《研学旅游指导师》团体标准（T/GDYXLXXH 002—2025）正式发布，规定了研学旅游指导师职业能力相关内容，适用于研学旅游指导师职业能力建设、人才培养和能力认证评估。该标准的出台标志着我国研学旅行行业职业能力建设迈上新台阶，为从业人员专业化、课程体系标准化及服务质量提升提供了权威依据。

4. 其他法律法规

① 2013年施行，2016年、2018年修订的《中华人民共和国旅游法》："为保障旅游者和旅游经营者的合法权益，规范旅游市场秩序，保护和合理利用旅游资源，促进旅游业持续健康发展，制定本法。在中华人民共和国境内的和在中华人民共和国境内组织到境外的游览、度假、休闲等形式的旅游活动以及为旅游活动提供相关服务的经营活动，适用本法。"研学旅行是研究性学习与旅游融合的一种实践教育方式，参照旅游法的相关条款执行。如：

第七十九条 旅游经营者应当严格执行安全生产管理和消防安全管理的法律、法规和国家标准、行业标准，具备相应的安全生产条件，制定旅游者安全保护制度和应急预案。……

② 2020年第二次修订，2021年6月1日起施行的《中华人民共和国未成年人保护法》。与研学旅行有关内容摘抄如下：

第一条 为了保护未成年人身心健康，保障未成年人合法权益，促进未成年人德智体美劳全面发展，培养有理想、有道德、有文化、有纪律的社会主义建设者和接班人，培养担当民族复兴大任的时代新人，根据宪法，制定本法。

第二条 本法所称未成年人是指未满十八周岁的公民。

第三十条 学校应当根据未成年学生身心发展特点，进行社会生活指导、心理健康辅导、青春期教育和生命教育。

第三十一条 学校应当组织未成年学生参加与其年龄相适应的日常生活劳动、生产劳动和服务性劳动，帮助未成年学生掌握必要的劳动知识和技能，养成良好的劳动习惯。

第四十四条 爱国主义教育基地、图书馆、青少年宫、儿童活动中心、儿童之家应当对未成年人免费开放；博物馆、纪念馆、科技馆、展览馆、美术馆、文化馆、社区公益性互联网上网服务场所以及影剧院、体育场馆、动物园、植物园、公园等场所，应当按照有关规定对未成年人免费或者优惠开放。

第五十六条　未成年人集中活动的公共场所应当符合国家或者行业安全标准，并采取相应安全保护措施。对可能存在安全风险的设施，应当定期进行维护，在显著位置设置安全警示标志并标明适龄范围和注意事项；必要时应当安排专门人员看管。

③ 2021年1月1日起施行的《中华人民共和国家庭教育促进法》。与研学旅行有关内容摘抄如下：

第一条　为了发扬中华民族重视家庭教育的优良传统，引导全社会注重家庭、家教、家风，增进家庭幸福与社会和谐，培养德智体美劳全面发展的社会主义建设者和接班人，制定本法。

第二条　本法所称家庭教育，是指父母或者其他监护人为促进未成年人全面健康成长，对其实施的道德品质、身体素质、生活技能、文化修养、行为习惯等方面的培育、引导和影响。

第四十条　中小学校、幼儿园可以采取建立家长学校等方式，针对不同年龄段未成年人的特点，定期组织公益性家庭教育指导服务和实践活动，并及时联系、督促未成年人的父母或者其他监护人参加。

第四十一条　中小学校、幼儿园应当根据家长的需求，邀请有关人员传授家庭教育理念、知识和方法，组织开展家庭教育指导服务和实践活动，促进家庭与学校共同教育。

第四十六条　图书馆、博物馆、文化馆、纪念馆、美术馆、科技馆、体育场馆、青少年宫、儿童活动中心等公共文化服务机构和爱国主义教育基地每年应当定期开展公益性家庭教育宣传、家庭教育指导服务和实践活动，开发家庭教育类公共文化服务产品。

④ 2011年2月1日起施行的《旅行社责任保险管理办法》。与研学旅行有关内容摘抄如下：

旅行社责任保险，是指以旅行社因其组织的旅游活动，对旅游者和受其委派并为旅游者提供服务的导游或者领队人员依法应当承担的赔偿责任为保险标的的保险。

⑤ 2016年12月1日起施行的《旅游安全管理办法》。从研学旅行实施开始，往往大家关注的是常规的课程内容及流程，以及行车安全、饮食安全，对基地营地日常安全隐患管理和对突发事件的管理及流程缺乏必要的认知。如该管理办法规定：

第六条　旅游经营者应当遵守下列要求：

（一）服务场所、服务项目和设施设备符合有关安全法律、法规和强制性标准的要求；

（二）配备必要的安全和救援人员、设施设备；

（三）建立安全管理制度和责任体系；

（四）保证安全工作的资金投入。

第七条　旅游经营者应当定期检查本单位安全措施的落实情况，及时排除安全隐患；对可能发生的旅游突发事件及采取安全防范措施的情况，应当按照规定及时向所在地人民政府或者人民政府有关部门报告。

第九条　旅游经营者应当对从业人员进行安全生产教育和培训，保证从业人员掌握必要的安全生产知识、规章制度、操作规程、岗位技能和应急处理措施，知悉自身在安全生产方面的权利和义务。

旅游经营者建立安全生产教育和培训档案，如实记录安全生产教育和培训的时间、内容、参加人员以及考核结果等情况。

　　未经安全生产教育和培训合格的旅游从业人员，不得上岗作业；特种作业人员必须按照国家有关规定经专门的安全作业培训，取得相应资格。

同时，该法律第十四、十五条还详细阐述了旅游突发事件发生后的应急处理流程及方式方法。

⑥ 2021 年 9 月 27 日教育部办公厅、市场监管总局办公厅印发的《中小学生校外培训服务合同（示范文本）》（2021 年修订版）。

示范文本中的条款提到，培训方应做好消防、抗震、食品、公共卫生等安全管理，配备安全技术防范系统，建立健全安全管理制度和应急预警处理机制，防范各类安全责任事故发生。每次培训课程结束后，培训方还应确保学员被委托方安全接走，双方另有约定的除外。培训方如使用校车接送培训学员，须按《校车安全管理条例》管理，审批时须提供校车使用许可。培训方应当保护学生个人信息，确保在收集、存储、使用、加工、公开等个人信息处理活动中严格遵守《中华人民共和国个人信息保护法》《中华人民共和国未成年人保护法》的规定。

思考与练习

实操题

请向同学们简单解读一份研学旅行相关政策法规文件。

任务四　研学旅行的组织机构

学习目标

- 了解研学旅行组织实施的主办方、承办方、供应方三者之间的关系和定位；
- 了解研学旅行实施的主要环节和各方的主要工作。

学习任务导图

- 研学旅行的组织机构
  - 研学旅行的组织机构
    - 研学旅行主办方
    - 研学旅行承办方
    - 研学旅行供应方
    - 其他保障相关方
  - 研学旅行组织实施的主要环节
  - 研学旅行的主要工作
    - 研学内容相关工作
    - 旅行服务相关工作

任务内容

1. 研学旅行的组织机构

研学旅行有效、安全、专业、高质量地实施，需要社会各界的大力支持，2016 年教育部等 11 部门《关于推进中小学生研学旅行的意见》中提出"加强统筹协调"，要求各地成立由教育部门牵头，其他相关部门参与的中小学生研学旅行工作协调小组，积极探索建立政府统筹、部门协作、教育行政部门主导、学校组织、家长支持的研学旅行工作协调推进机制。主要分为：主办方、承办方、供应方、其他保障相关方。

①**研学旅行主办方**　研学旅行中小学校是实施主体，也称作研学旅行活动主办方，主要负责更好地实现研学旅行的教育目标。

②**研学旅行承办方**　教育部等 11 部门《关于推进中小学生研学旅行的意见》中提出，学校组织开展研学旅行可以采取自行开展与委托开展两种形式。《意见》中明确指出，学校委托开展研学旅行，要与有资质、信誉好的企业或者机构签订协议书，受委托的企业或者机构承担学生研学旅行的安全责任。受学校委托的企业或机构，通常被称作研学旅行承办方，主要提供研学旅行活动中的旅行服务与教育服务，为主办方与资源供应方建立服务供应关系。

③**研学旅行供应方**　基地营地是开展研学旅行活动实施的场所，是实现研学实践教育目标的重要依托和保障，在研学中统称为供应方。

④**其他保障相关方**　除了直接参与研学旅行活动实施的主办方、承办方和供应方外，还需要政府统筹、部门协作、教育行政部门主导、家长等多方支持的研学旅行工作协调推进机制。如：教育局负责审批，学校负责组织实施，公安部门负责车辆、运行线路、司机驾驶安全审查审批，食品药品监管部门负责食品安全，旅游局负责研学旅行监管，等等。

2. 研学旅行组织实施的主要环节

研学旅行活动的组织实施，从时间上看，主要有行前的准备、行中的实施、行后的反馈与评价三个基本阶段，在三个阶段中，主办方学校、承办方旅行社和教育机构、供应方基地营地（统称研学目的地）需要为研学旅行活动实施，做好各个阶段的系统准备。主办方、承办方、供应方三阶段重点工作任务框架如下。

```
                                            ┌─ 对学生行前课程的学习
                                            │
                                            ├─ 对学生的组织动员
                                            │
                          研学旅行行前的准备 ─┼─ 对家长的宣讲培训
                          │                  │
                          │                  ├─ 对带队老师的培训
                          │                  │
                          │                  └─ 对委托服务机构的协议等
  主办方：学校为主 ─────────┤
                          │                  ┌─ 行中的教学活动实施与协调监督
                          │ 研学旅行行中的实施 ┤
                          │                  └─ 行中的学习任务与学习方法
                          │
                          │                  ┌─ 研学旅行成果的展示与汇报交流
                          │                  │
                          └─ 研学旅行行后的反馈与评价 ┼─ 研学旅行学习成果的评价认定
                                              │
                                              ├─ 对承办方和供应方的反馈建议及评价
                                              │
                                              └─ 行后对活动的复盘反思总结
```

图 1-4-1　主办方三阶段重点工作任务框架

```
                                            ┌─ 与主办方沟通确定研学活动方案
                                            │
                                            ├─ 与供应商沟通确定研学活动方案
                                            │
                          研学旅行行前的准备 ─┼─ 制定交通安全预案
                          │                  │
                          │                  ├─ 制定住宿餐饮安全预案
                          │                  │
  承办方：旅行社或教育机构 ──┤                  └─ 制定突发应急安全预案
                          │
                          │                  ┌─ 做好研学旅行活动的引导服务
                          │ 研学旅行行中的实施 ┤
                          │                  └─ 做好研学活动方案的执行工作与几方协调
                          │
                          │                  ┌─ 对学校要求的教学任务反馈及评价服务
                          └─ 研学旅行行后的反馈与评价 ┤
                                              └─ 对供应方的服务进行反馈与评价
```

图 1-4-2　承办方三阶段重点工作任务框架

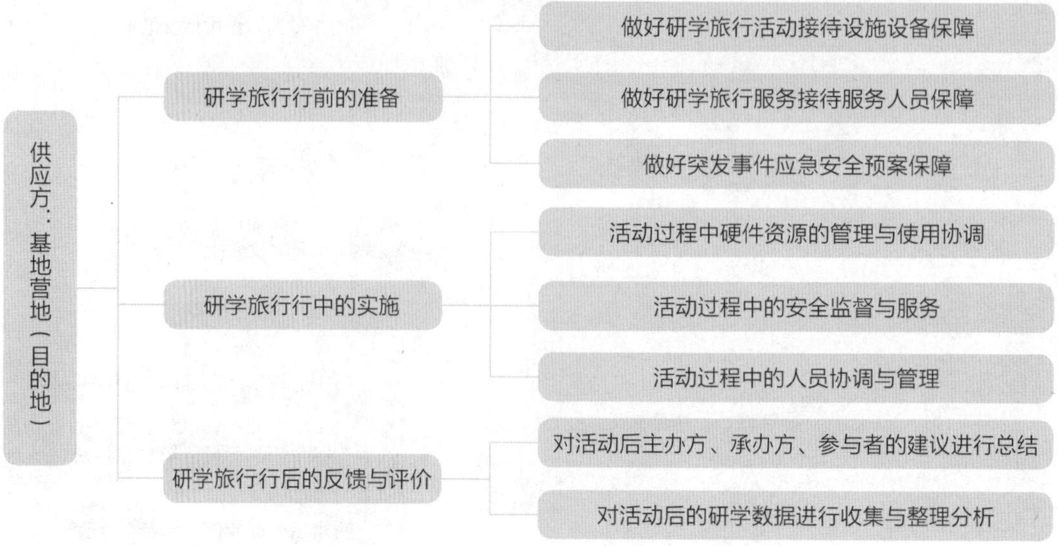

图 1-4-3 供应方三阶段重点工作任务框架

3. 研学旅行的主要工作

按研学旅行活动的需要所进行的主要工作，分为研学内容和旅行服务两大块进行。

（1）研学内容相关工作

研学旅行本质上是学生"行走的课堂"，即在旅行中进行探究性学习，所以研学内容的相关工作，是非常重要的核心工作，要求相关人员对课时安排、组织方式、人员配置、课程评价等实施环节进行整体把控，对师资队伍、社会资源、研学经费、安全等进行有力保障。

以西安为例，要求学校开展研学旅行落实"八做到"：

①学校必须成立研学旅行领导小组，全面负责学校研学旅行工作。领导小组办公室设在中学政教处（中学）或少队部（小学）。要建设研学旅行专题档案，由专人负责管理。

②学校向教师、学生、家长、社会宣传基础教育改革，开展研学旅行的重要意义，向教师宣传如何开展研学旅行，向学生宣传"读万卷书，行万里路"的重大作用，向家长宣传中小学为什么要开展研学旅行，向社会宣传研学旅行这一基础教育改革的举措，为研学旅行工作营造良好的社会环境和舆论氛围。

③成立研学旅行教研小组，考察、确定能体现符合学校教育主题的研学旅行基地、营地和景区等，根据参加研学旅行学生的不同学段，制定"研学旅行小问号"或者研学旅行课题。

④召开年级教师会，讲解研学旅行的目的、意义、时间、地点、组织安排、职能小组、人员分工，明确职责，落实责任。

⑤遴选旅行社或服务单位。从旅行社或服务单位的安排计划、活动配合、车辆情况、研学辅导员的配备、价格、贫困学生的帮扶办法等多方面择优选取。

⑥发放《致家长的一封信》。让家长明白研学旅行的目的、意义、时间、地点、收费情况、

减免补贴政策等。

⑦分享研学旅行成果。研学旅行回来以后，学校组织学生交流研学旅行照片、研学旅行体会文章、研学旅行作品。学校对优秀学生进行表彰奖励。

⑧强化督查评价。建立、健全学生参加研学旅行的评价机制，通过研学旅行手册的记录，把学生参加研学旅行的情况和成效作为学生综合考评体系的重要内容。学校要在充分尊重个性差异、鼓励多元发展的前提下，对学生参加研学旅行的情况和成效进行科学评价，并将评价结果纳入学生学分管理体系和学生综合素质评价体系中。

承办方也需要配合学校的研学旅行教学目标，进行研学内容相关工作，主要包括研学活动课程规划服务、研学活动课程行程服务、研学活动课程评价服务等研学内容工作。

（2）旅行服务相关工作

研学旅行的安全有效实施，除了完善的研学内容体系，还要有相关的旅行服务工作，主要为承办方进行的四大工作内容：交通服务、餐饮服务、住宿服务、安全管理。

1）交通服务

交通是出行的前提条件，作为旅游业三大支柱之一，交通客运业以其独特的资源优势在研学旅行领域占据着重要地位，教育部等 11 部门《关于推进中小学生研学旅行的意见》中明确了交通运输部门的职责，即负责督促取得道路运输许可证的客运企业为中小学生研学旅行优先提供符合安全要求的车辆，并督促相关运输企业做好学生出行客运车、船等交通工具的安全检查工作。就具体交通服务而言，服务机构需要遵照《研学旅游服务要求》要求，做到：

①**提供交通安全预案服务**　作为服务机构，需要向主办方提供交通安全预案服务，制定交通服务各环节的安全防范手册或指南，向学生宣讲交通安全知识和紧急疏散要求，组织学生安全有序乘坐交通工具。

②**提供交通方式选择服务**　承办研学旅行服务，要慎重考虑车程。单次路程在 200 千米以上的，优先选择火车、飞机作为交通工具，以专列或专有车厢为服务保障基准，提前与铁路运输部门沟通备案，组织绿色通道或开辟专门的候乘区域。

在沿江沿海区域，若是选择水运交通方式开展研学旅行活动，服务机构应以旅游客船为服务保障基准，与水运运输部门沟通备案。选择的水运交通工具应符合《水路客运服务质量要求》（GB/T 16890—2008），并要为研学学生组织绿色通道或开辟专门的候乘区域。

在小于 400 千米范围的市辖区及紧邻省市区开展研学服务活动，以汽车客运交通方式为服务保障基准，选用的车辆须符合《旅游客车设施与服务规范》（GB/T 26359—2010），行驶道路不宜低于三级公路等级，驾驶人连续驾车不得超过 2 小时，停车休息时间不得少于20 分钟。

2）餐饮服务

服务机构提供餐饮服务，需要以食品卫生安全为首要前提，主办方选择餐饮服务供应方时，应选择证照齐全、规范经营的用餐企业，为主办方提供合格的餐饮保障服务。就具体餐饮服务而言，服务机构需要遵照《研学旅游服务要求》的要求，做到：

①**提供餐饮安全预案**　服务机构需要向主办方提供餐饮安全预案服务，制定餐饮服务各环节的安全防范手册或指南，向学生宣讲用餐礼仪及文明用餐知识，确保餐饮经营者建有食品留样备查机制。

②**提供进餐秩序维护方案**　服务机构在具体设计餐饮服务时，应提前制订就餐座次表，组织学生有序进餐。同时在学生用餐时做好巡查服务工作，确保餐饮服务质量。

3）住宿服务

服务机构应本着安全、卫生、舒适的基本要求，为学校提供符合要求且性价比高的住宿酒店或营地。同时要协助学校开展学生行为规范教育，提高学生的安全防范意识，确保学生人身财产安全，创造安全、整洁、卫生、文明、舒适、优美的住宿环境。就具体住宿服务而言，服务机构要遵照《研学旅游服务要求》的要求，做到：

①**确保住宿区域的安全通道畅通**　服务机构提供住宿服务，要考虑到入住酒店或营地时，承运车辆能安全进出停靠区域，尤其要确保学生在安全区域上下车。

②**提供住宿信息及宣讲服务**　服务机构应提供入住酒店或营地的信息告知及宣讲服务，详细告知学生入住注意事项；宣讲住宿安全知识，带领学生熟悉逃生通道及饮食安全的保障服务。

4）安全管理

研学旅行的活动行程存在关联单位多、关联业态多、参与人数多、服务环节多、安全内容多、安全风险点多、安全管控难度大等特点，服务机构在其服务单位上，涉及政府、学校、服务机构和供应方等，内容涉及交通安全、食品安全、住宿安全、师生身心安全、财产安全、景点安全、基地活动安全等多方面的内容，服务机构应建立相应的安全管理保障体系，高度重视安全管理保障，筑牢研学旅行安全思想防线。就具体安全管理而言，服务机构应遵照《研学旅游服务要求》的要求，做到：

①**构建安全管理制度**　服务机构要建立并编制系统的安全管理制度，实现安全管理的制度化管理，包括研学旅行安全管理手册、研学旅行安全管理工作方案、研学旅行各类安全应急预案及服务手册、研学旅行产品安全评估制度、研学旅行安全教育培训制度等。同时，要依据时间及活动内容不断迭代完善。

②**提供安全管理实施服务**　服务机构应根据各项安全管理制度的要求，对参与研学旅行活动的工作人员进行培训，明确安全管理责任、服务人员及其工作职责；在研学旅行活动过程中，安排安全管理人员随团开展安全管理服务工作。

③**协助提供安全教育服务**　服务机构应根据学校的要求，为学校提供安全讲座、安全防控教育读本等服务。

思考与练习

思考题

研学旅行的实施分几个主要阶段?

实操题

试绘出所在单位或机构作为研学旅行活动承办方要进行的主要工作的任务导图。

任务五　研学旅行的从业人员

学习目标

● 了解研学旅行组织实施的主办方、承办方、供应方的人员架构和关键岗位的主要工作范围。

学习任务导图

研学旅行的从业人员

- 主办方
  - 研学旅行领导小组
  - 研学旅行教研组
  - 年级组长和班主任
  - 学校老师
  - 安全员
  - 学生家长
- 承办方
  - 研学部
  - 运营部
  - 研学旅游指导师
  - 安全员
  - 素质拓展教练
- 供应方
  - 研学项目部
  - 安全员
  - 研学旅游指导师
- 其他保障相关方

任务内容

研学旅行的从业人员，主要指在研学旅行实施中的主办方、承办方、供应方以及其他相关方中工作的从业者。

1. 主办方

研学旅行主办方也称作研学旅行活动主办方，是研学旅行中小学校。作为研学旅行的实施主体，中小学校要建立研学旅行工作机构，配齐研学旅行人员，建立研学旅行工作常态。

具体来说，学校组织实施研学旅行的管理人员队伍应由以下机构和人员构成：

①**研学旅行领导小组**　学校组建由校长、书记、主管德育副校长、主管教学副校长、政教处主任、教务主任等组成的研学旅行领导小组，全面负责学校研学旅行工作。领导小组办公室，中学一般设在政教处，小学一般设在少队部，具体负责落实。

②**研学旅行教研组**　学校要组织老师成立研学旅行教研组或设立综合实践活动教研组，重点研究解决学校研学旅行活动课程问题。要与研学旅行基地营地及委托的服务机构联合起来，按照学校教育教学计划，融合综合实践活动课程、地方课程、校本课程、劳动实践教育等，设计研学旅行主题，确立研学旅行目标，遵照课程要素进行设计，编制研学旅行活动课程方案，确保研学活动的实施有明确的目标、内容、实施办法和评价标准。

③**年级组长和班主任**　研学旅行活动主要以班级为单位，年级组长和班主任在学校政教处或少队部的组织下，经学校研学旅行教研组确定并实施年级研学旅行活动课程方案。年级组长和班主任还应分工明确，与家长签订协议书，明确学校、家长、学生的责任和权利。

④**学校老师**　学校老师是研学旅行活动的设计者、组织者和评价者，更是学生研学旅行活动的主导者，研学旅行活动课程需要在老师的参与、讲解、指导下完成，因此广大老师要深度参与研学旅行，掌握研学旅行活动课程设计与实施的目标、内容、方法和途径等，做好研学旅行活动中的学生辅导员。

⑤**安全员**　学校要配置有资质的安全管理人员，在研学旅行过程中随团开展安全教育和防控工作。

⑥**学生家长**　家长的支持和协助对中小学研学旅行活动的顺利开展意义重大，学校与家长之间应形成良好的合作关系，有意愿的家长可成为志愿者，和学校共同负责学生的活动管理和安全保障。

2. 承办方

受学校委托实施研学旅行的企业或机构，通常被称作研学旅行承办方，主要提供研学旅行活动中的旅行服务与教育服务，为主办方、资源供应方建立服务供应关系。

承办方由以下机构和人员构成：

（1）研学部

研学部专职负责研学旅行活动的组织与实施、研学旅行线路与方案的研发等。

（2）运营部

运营部主要负责研学旅行中的主办方及供应方资源与供需对接、车辆管理、食宿生活管理和安全保障等服务工作。

（3）研学旅游指导师

《研学旅行指导师（中小学）专业标准》中规定：研学旅行指导师指策划、制定或实施研学旅行课程方案，在研学旅行过程中组织和指导中小学生开展各类研究性学习和体验性活动的专业人员。

研学旅游指导师是综合型人才，是推进研学旅行活动的关键和保障。既要掌握扎实的教育教学知识，又要有广阔的视野、多方面的知识储备和户外技能储备，能较好地胜任中小学生研学旅行活动组织、主题活动讲解、学生安全管理、学生团队接待服务等工作。与常规导游不同，研学旅行工作在团队活动策划和组织、心理辅导、授课能力等方面对研学旅游指导师的要求较高。研学旅游指导师要配合老师带领学生确定主题，以课程为目标，以探究为形式，完成提出问题与猜想预测、设计实验、实验观察与寻求实证、数据搜集与整理分析、得出结论与交流表达，以及集体讨论与记录过程等六大步骤，并在老师的帮助下，做好研学日志，形成总结报告，提出新的问题，还要具备较高的职业素养且热爱研学旅行工作。研学旅游指导师必备的技能和素养主要有以下几点：

①要有履行职责必需的能力。研学旅游指导师是学生安全的第一责任人。要承担学生应急救护和生活老师的职责，研学旅游指导师既要具备一定的应急救护基本常识和野外生存救护技能，又要具有校外实践活动组织工作经历，并掌握必要的基本技能。

②要有知识化和专业化技能。有渊博的学识，才能赢得学生的尊敬；具备专业化的技能，才能做到精益求精。

③在工作时要有积极性、主动性、创造性，对学生和工作要有爱心、细心、耐心。

④要培养四种素质。研学旅游指导师要有果敢的心理素质，能够在临危时果断地做出决定；要有健康的心理素质，包括广泛的兴趣爱好、丰富的情感、坚定的意志力等；要有集体素质，具有较强的集体荣誉感，一个团体就是一个家，集体荣，我荣，集体辱，我辱；要有很好的综合素质，工作效率要高。

⑤要具备五种能力。研学旅游指导师要具备管理协调能力，观察分析能力，出主意、想办法的能力，语言表达能力，处理突发事件的能力。

⑥要处理好六种关系。研学旅游指导师要处理好与上级领导的关系，处理好与同事的关系，处理好与其他教师的关系，处理好与学生的关系，处理好与相关职能部门的关系，处理好工作与家庭的关系。

（4）安全员

安全员是研学旅行实施的重要保障人员，不仅要熟悉研学旅行安全管理内容，还要参与研学部安全应急预案的制订，提前对研学功能区和关键点位进行安全隐患排查，并对其他研学旅行行程中的服务人员进行必要的安全教育培训,同时具备常见的安全事故应急处理能力。

（5）素质拓展教练

研学旅行的根本目的是立德树人、培养人才，是以深化教育领域综合改革、提升学生各方面的素质为目标的教育方式，旨在让广大中小学生走出教室，走出校门，走进自然，走进社会，对学生的思想、知识、素养、能力进行全面培养。素质拓展教练助力研学旅游指导师，做好研学旅行课程活动的组织协调、团队协作等方面的工作。

3. 供应方

研学旅行基地营地是开展研学旅行活动实施的场所，是实现研学实践教育目标的重要依托和保障，统称为供应方。

供应方相关部门及人员构成如下：

①**研学项目部**　研学旅行基地营地是开展研学旅行活动的重要保障，研学项目部根据国家部委要求，负责研学旅行基地营地的软硬件建设及提升改造，并对整个基地营地进行全面策划，确保从功能区到配套的设施设备、人员配置、研学课程、运营管理、安全保障等达到国家、省、市相应级别的接待要求。

②**安全员**　基地营地安全员应当制定本地安全预案，对研学功能区及关键教学和活动点位进行安全隐患排查，并对基地相关人员进行针对性部门属性的安全教育培训，同时进行安全事故紧急处理能力的常规化训练。

③**研学旅游指导师**　基地营地作为供应方，具备相关专业的研学旅游指导师也是接待研学旅行活动的必要条件之一。研学旅游指导师要根据所在基地营地特色进行标准分类，然后开发设计研学主题课程活动系列；高效对接承接方研学旅游指导师的课程活动需求，达到学校研学旅行的教育目标。

4. 其他保障相关方

除了研学旅行活动实施直接参与的主办方、承办方和供应方外，还需要政府统筹、部门协作、教育行政部门主导、家长等多方支持的研学旅行工作协调推进机制。如：教育局负责审批，学校负责组织实施，公安部门负责车辆、运行线路、司机驾驶安全审查审批，食品药品监管部门负责食品安全，旅游局负责研学旅行监管等。

思考与练习

思考题

研学旅行的承办方主要核心人员有哪些？他们各自的职责是什么？

项目二
研学旅行基（营）地方案设计

　　研学旅行基（营）地根据自身资源特色，结合学生学段特点和要求，开发不同主题的课程体系，组织课程实施落地，是提供研学旅行教育服务的重要角色。通过本项目的学习，读者对研学旅行基（营）地具有基本的认识，熟悉研学旅行基（营）地的建设标准要求、接待管理和服务标准，掌握研学旅行基（营）地考察调研流程和方法，并能够进行研学旅行基（营）地的需求分析，完成建设方案设计。

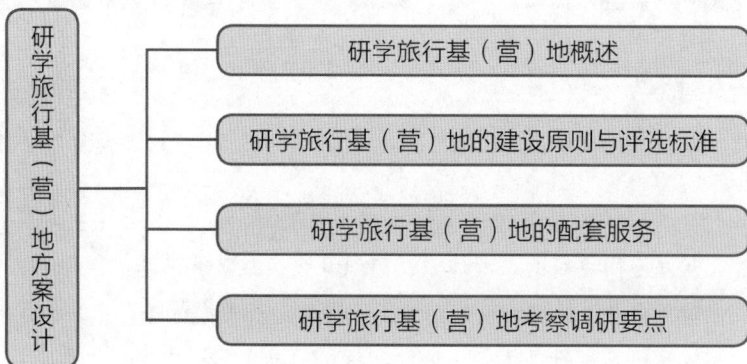

研学旅行基（营）地方案设计

- 研学旅行基（营）地概述
- 研学旅行基（营）地的建设原则与评选标准
- 研学旅行基（营）地的配套服务
- 研学旅行基（营）地考察调研要点

任务一　研学旅行基（营）地概述

学习目标

- 了解研学旅行基（营）地的定义；
- 厘清研学旅行基地和研学旅行营地的区别；
- 认识研学旅行基（营）地的属性和功能。

学习任务导图

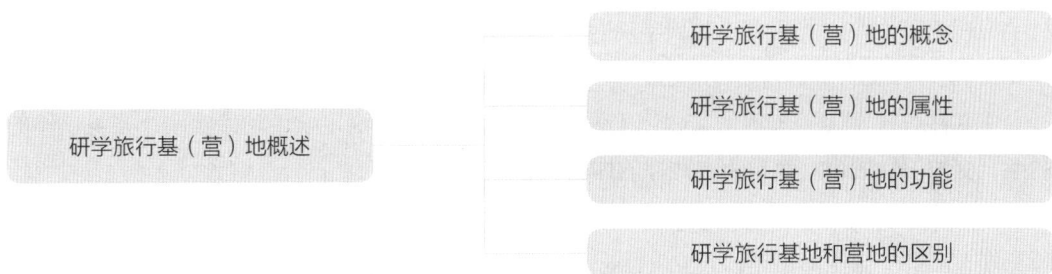

```
                                        ┌─────────────────────────┐
                                        │  研学旅行基（营）地的概念  │
                                        └─────────────────────────┘
                                        ┌─────────────────────────┐
                                        │  研学旅行基（营）地的属性  │
┌─────────────────────┐                 └─────────────────────────┘
│  研学旅行基（营）地概述  │                 ┌─────────────────────────┐
└─────────────────────┘                 │  研学旅行基（营）地的功能  │
                                        └─────────────────────────┘
                                        ┌─────────────────────────┐
                                        │  研学旅行基地和营地的区别  │
                                        └─────────────────────────┘
```

任务内容

1. 研学旅行基（营）地的概念

基（营）地的称呼在不同的文件里是不完全相同的，研学旅行基（营）地的概念没有明确统一，不同的文件里给它们下的定义也有一定的差异。

我国研学旅行基地与营地的概念应包含以下含义：[1]

①必须是一种场所，供学生开展研学实践教育活动。

1　叶娅丽，边喜英. 研学旅行基（营）地服务与管理 [M]. 北京：旅游教育出版社，2020-08.

②必须具有丰富的研学课程资源，围绕一定的教育目标开发有主题的研学课程。营地还需要有与周边教育资源共同组成的主题研学线路。

③必须配有教育教学设施，教育功能突出。

④必须配有接待服务设施，营地还需要具备能一次性集中接待一定规模学生的餐饮、住宿设施。

据此，我们可以对研学旅行基地、营地定义如下：

研学旅行基地是指具有研学课程资源和完善的接待服务设施、教育教学设施，服务学生研学实践教育活动的场所。

研学旅行营地是指本身及周边具有研学课程资源和完善的接待服务设施、餐饮住宿设施、教育教学设施，服务学生研学旅行教育活动的场所。

2. 研学旅行基（营）地的属性

教育部等 11 部门《关于推进中小学生研学旅行的意见》（以下简称《意见》）明确要求，研学旅行要坚持教育性原则、实践性原则、安全性原则和公益性原则。作为研学旅行活动的载体，基（营）地必然有着与研学旅行一致的教育性、实践性、安全性和公益性等特性，同时还具有其自身的地域性和开放性。

①**教育性**　研学旅行要结合学生身心特点、接受能力和实际需要，注重系统性、知识性、科学性和趣味性，因此教育性是研学旅行基（营）地的本质特性。基（营）地的硬件、软件建设要从教育出发，凸显教育功能。

②**实践性**　基（营）地的实践性表现为其课程和设施要满足学生动手实践、亲身体验的需要，变知识性的课堂教学为实践性的体验教学。

③**安全性**　要始终坚持安全第一，配备安全保障设施，建立安全保障机制，明确安全保障责任，落实安全保障措施，设立安全应急预案，确保学生的安全。

④**公益性**　《意见》规定，研学旅行"不得开展以营利为目的的经营性创收"，因此，基（营）地应把谋求社会效益放在首位，对贫困家庭学生要减免费用。

⑤**地域性**　基（营）地要体现地域特色，让地域特色、自然环境、文化遗存、民俗风情中蕴含的乡土乡情的文化成为课程资源。

⑥**开放性**　基（营）地的开放性表现为教学环境的开放性，开放式的课堂、开放式的课程、开放式的教师，激发学生开放式的创造。

3. 研学旅行基（营）地的功能

结合研学旅行基地营地的属性，基地营地应当具备多重功能，满足学生教育、体验、审美的多重需要，能为学生提供学、游、行、吃、住等多项服务，具有教育与游览、校园与景区的多种功能。

研学旅行基（营）地应该具备以下基本功能：

①**校外教育的功能**　基（营）地应开发设计有各种主题的研学课程、研学线路，建设满足各种主题实践活动的场馆和满足交流讨论的活动教室、会议室、多功能厅、展示厅，有条件的基（营）地还可以配建运动场、拓展营等设施。

②**集体生活的功能**　基地要满足接待服务，营地还需要提供能一次性集中接待一定规模学生的餐饮、住宿服务，满足中小学生集体生活的需要。

③**休闲审美的功能**　有些基地营地本身依托风景秀丽的景区而建，既有景区的优美环境、公园的休憩设施，又有校园的文化氛围，既能很好满足学生研学成长过程中的审美需要、身心愉悦需要，又让学生在研学成长过程中体验了休闲教育、享受了美好时光，具备休闲审美的功能。

4. 研学旅行基地和营地的区别

作为实施研学旅行活动的场所，基地与营地没有本质上的区别，教育功能都是研学旅行基地营地的第一功能，从全国各地对基地营地的标准规范或评审条件来看，二者的区别主要表现在课程设置和功能设置不同。

①**课程设置不同**　基地的课程来自对基地自身资源的挖掘和设计，强调基地的特色与资源性质高度吻合，课程数量要求不高；而营地不仅根据自身资源来设计课程，还额外要求呈现与周边教育资源串联而形成的研学线路，课程数量要求更高，学生研学停留时间更长。

②**功能设置不同**　营地必须具备有一次性集中接待一定规模学生餐饮和住宿的设施功能，对此全国及各地对申报营地的要求有所不同，如申报全国研学实践教育营地，要求能够至少同时接待 1000 名学生集中食宿；而基地不要求具备食宿功能。

思考与练习

思考题

请简要介绍基地和营地的区别。

实操题

请对我国基地和营地的现状进行调研并撰写一份调查报告。

任务二 研学旅行基（营）地的建设原则与评选标准

学习目标

- 了解研学旅行基（营）地的建设原则；
- 熟悉研学旅行基（营）地的申报要求。

学习任务导图

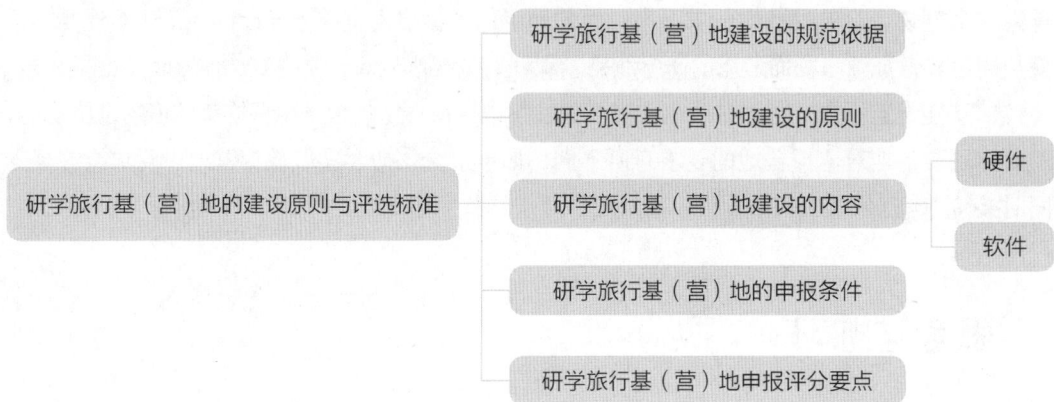

```
                                    ┌─ 研学旅行基（营）地建设的规范依据
                                    │
                                    ├─ 研学旅行基（营）地建设的原则
                                    │
研学旅行基（营）地的建设原则与评选标准 ─┼─ 研学旅行基（营）地建设的内容 ─┬─ 硬件
                                    │                                └─ 软件
                                    ├─ 研学旅行基（营）地的申报条件
                                    │
                                    └─ 研学旅行基（营）地申报评分要点
```

任务内容

1. 研学旅行基（营）地建设的规范依据

　　①**政策法规依据**　教育部等 11 部门《关于推进中小学生研学旅行的意见》提出了关于加强研学旅行基地建设的要求，是建设基（营）地的重要依据。《研学旅游服务要求》作为行业标准，对研学旅行基（营）地也有界定和规范，基（营）地在建设过程中也必须遵守；同时，不同省份和地市有各自的地方标准，基（营）地的建设也需要符合当地的地方标准要求。

②**教育理论依据**　研学旅行的本质是教育，是中小学实践教育的重要形式和有效途径，基（营）地的建设也需要符合我国教育改革要求，体现教育性质，符合相关教育理念、课程理念及教育目标等指导基（营）地建设的重要理论依据。

③**技术规范依据**　符合《研学旅游服务要求》、《中小学生研学实践教育基地、营地建设与管理规范》、《研学旅行基地（营地）设施与服务规范》（T/CATS 002—2019）以及一些地方标准要求的技术规范。

2. 研学旅行基（营）地建设的原则

研学旅行工作要坚持教育性原则、实践性原则、安全性原则和公益性原则，作为开展研学旅行课程场所的基（营）地，也需要遵循这些原则。同时，基（营）地的建设不仅需要符合课程活动的特点和地方文化差异，还要考虑地域性原则和体验性原则。

①**教育性原则**　研学旅行是中小学生的一门活动课程，研学旅行基（营）地是根据小学、初中、高中不同学段的研学旅行目标，开展自然类、历史类、地理类、科技类、人文类、体验类等多种活动课程的重要载体。

②**实践性原则**　研学旅行是中小学综合实践育人的重要途径，是必修课综合实践活动课程的重要形式。建设研学旅行基（营）地，不论是课程设计、环境创设，还是基础设施、硬件配套都要满足学生动手实践、亲身体验的需要。

③**安全性原则**　基（营）地的建设要远离地质灾害和其他危险区域，坚持安全第一，建立安全保障机制，明确安全保障责任，落实安全保障措施，设立安全应急预案，努力做到万无一失，确保学生安全。

④**公益性原则**　研学旅行是国家基础教育改革的重要内容，基（营）地建设应把谋求社会效益放在首位，在提供的活动课程及其相关服务中，杜绝过度的、以牟利为目的的经营性创收，并须建立相应的收费减免政策。

⑤**体验性原则**　研学旅行基（营）地的硬件设施、活动课程及环境氛围都要有利于引导学生主动参与、乐于探究、勤于动手，让学生有动手、动脑、动口的机会。

⑥**地域性原则**　研学旅行基（营）地的建设要结合地域特色，让地域特色、自然环境、文化遗存、民俗风情中蕴含的乡土乡情的文化基因以耳濡目染的方式浸染学生心灵。

3. 研学旅行基（营）地建设的内容

研究分析一些地方标准或团体标准，以及国家、各省市基（营）地申报标准要求，可以发现基（营）地的建设主要围绕资质条件、基础设施、研学课程、安全管理、专业人员、服务质量等要素进行，主要有硬件和软件两大方面。

（1）硬件

①**教育设施**　应配备与研学课程相适应的基本硬件条件，要建有主题教育场馆、活动场所或展览馆，并配备适宜的教材教具与场地空间。

②**游览设施**　应设置必要的游览步道、公共休憩区，以及必要的导览、提示标识等。

③**配套设施**　主要包括与研学实践活动相关的接待、基地营地区间交通、通信、监控、安全、医疗、卫生等方面的设施。营地还需要建设规范的食宿设施。设施应配置完善，以满足不同类型和时长的研学课程需要。

④**应急设施**　应配备适宜的应急装备、器材、逃生通道等。

基（营）地应对上述基础设施的维护进行规划与实施，定期进行检查，以了解并减少潜在的安全、功能、性能等方面的风险。

（2）软件

①**人员配备**　基（营）地应确定满足研学实践要求所需的岗位及其能力要求，并确保配备数量充足、能力胜任的从业人员。应采取培训或其他措施，确保相关人员胜任其岗位。

②**研学课程**　基（营）地应根据自身或周边教育资源的情况，设计特色鲜明的研学主题，并围绕主题，结合不同学段的研学目标和需求，开发设计研学课程、研学线路及其他研学项目。

③**管理体系**　基（营）地应设置实现工作目标所需的职能部门、规章制度、业务流程等，并定期对所建立的管理体系进行检查与评审，持续提高管理体系的有效性和效率。

④**安全保障**　基（营）地应建立安全管理机制，明确落实安全责任；应制定相关的安全管理制度以确保研学服务的安全；应开展适当的内部和外部安全教育，提升全员安全意识等；应针对重大风险如地震、火灾、食品卫生安全等突发情况制定应急预案；定期及不定期系统识别、评估、评价研学服务各环节中的相关安全风险，采取适宜的措施，持续降低安全风险。

4. 研学旅行基（营）地的申报条件

2018年6月6日，《教育部办公厅关于开展"全国中小学生研学实践教育基（营）地"推荐工作的通知》（教基厅函〔2018〕45号），该通知明确了申报全国研学实践教育基地、全国研学实践教育营地的申报条件。

一、基地推荐条件

基地主要指各地各行业现有的，适合中小学生前往开展研究性学习和实践活动的优质资源单位。该单位须结合自身资源特点，已开发或正在开发不同学段（小学、初中、高中）、与学校教育内容衔接的研学实践课程。同时应满足下列条件：

（一）各地各行业现有的属于下列主题板块之一的优质资源单位。

1.优秀传统文化板块。包括旅游服务功能完善的文物保护单位、古籍保护单位、博物馆、非遗场所、优秀传统文化教育基地等单位，能够引导学生传承中华优秀传统文化核心思想理念、中华传统美德、中华人文精神，坚定学生的文化自觉和文化自信。

2. 革命传统教育板块。包括爱国主义教育基地、革命历史类纪念设施遗址等单位，引导学生了解革命历史，增长革命斗争知识，学习革命斗争精神，培育新的时代精神。

3. 国情教育板块。包括体现基本国情和改革开放成就的美丽乡村、传统村落、特色小镇、大型知名企业、大型公共设施、重大工程等单位，能够引导学生了解基本国情及中国特色社会主义建设成就，激发学生爱党爱国之情。

4. 国防科工板块。包括国家安全教育基地、国防教育基地、海洋意识教育基地、科技馆、科普教育基地、科技创新基地、高等学校、科研院所等单位，能够引导学生学习科学知识、培养科学兴趣、掌握科学方法、增强科学精神，树立总体国家安全观，树立国家安全意识和国防意识。

5. 自然生态板块。包括自然景区、城镇公园、植物园、动物园、风景名胜区、世界自然遗产地、世界文化遗产地、国家海洋公园、示范性农业基地、生态保护区、野生动物保护基地等单位，能够引导学生感受祖国大好河山，树立爱护自然、保护生态的意识。

（二）具备承接中小学生开展研学实践教育的能力，能够结合单位资源特点，设计开发适合小学、初中、高中不同学段学生，与学校教育内容相衔接的课程和线路；学习目标明确、主题特色鲜明、富有教育功能；有适合中小学生需要的专业讲解人员及课程和线路介绍。

（三）能够积极配合教育部门工作，对中小学生研学实践教育活动实施门票减免等优惠措施，单位周边交通便利，适宜中小学生前往开展研学实践教育活动，在本地区、本行业有一定示范意义。

（四）财务管理体制明确，内部保障机制健全，产权清晰，运行良好，日常运转经费来源稳定；注重预算管理、绩效评价、内部控制与财务制度健全，会计基础工作规范，具备项目管理能力。

（五）近三年来没有受到各级行政管理（执法）机构的处罚。

二、营地推荐条件

营地主要指具有承担一定规模中小学生研学实践教育的活动组织、课程和线路研发、集中接待、协调服务等功能，能够为广大中小学生开展研学实践活动提供集中食宿和交通等服务的单位。同时应满足下列条件：

（一）教育系统所属的公益性青少年校外活动场所、综合实践基地等。

（二）研学实践教育资源丰富，开发合理。单位周边有若干个研学实践教育基地或教育资源，能够满足学生 2—5 天研学实践教育活动需求。研学实践教育课程和线路设计科学，有多个不同主题、不同学段（小学、初中、高中），且与学校教育内容衔接的研学实践课程和线路，能够实现中小学研学实践教育活动的育人目标。

（三）师资队伍充分，业务能力较强。有从事研学实践教育工作的专职队伍，能够设计规划课程和线路，能够组织中小学生集体实践，开展研究性学习，促进书本知识和生活实践深度融合，落实立德树人根本任务，促进学生培育和践行社会主义核心价值观。

（四）各项运行制度健全，保障与承载能力强。单位正常安全运行 1 年以上；房屋、水电、通讯、消防等基础设施配套齐全，环境整洁、卫生良好，能够满足正常运行的需要；能够至少同时接待 1000 名以上学生集中食宿；所在地交通便利，能够提供满足开展研学实践教育活动的交通需求；内部具备基本的医疗保障条件，周边有医院；有安全措施和保障能力，有安全警示标志、有专门的安全应急通道，有24小时、无死角的监控系统，有现场安全教育和安全防护措施，有应急预案，从未发生过重大安全事故。

（五）领导班子政治素质高、统筹协调能力强，组织机构健全，管理制度完备。有专门机构（专人）负责中小学生研学实践教育工作，接待流程、接待方案和活动开支情况长期公开。

（六）财务管理体制明确，内部保障机制健全，产权清晰，运行良好，日常运转经费来源稳定；注重预算管理、绩效评价，内部控制与财务制度健全，会计基础工作规范，具备项目管理能力。

（七）近三年来没有受到各级行政管理（执法）机构的处罚。

请扫描本书二维码，阅读研学旅行基（营）地设施与服务规范。

5. 研学旅行基（营）地申报评分要点

研学旅行基（营）地申报时，评分要点通常从资质条件、前置条件、基础设施、课程设置、人员配备、服务管理、安全保障等维度展开，要求基础设施齐全、资质达标、课程方案丰富、师资力量雄厚、管理和保障制度完善。

以下为《全国研学旅行基地（营地）设施与服务规范》评分表（2021年适用版）内容。

表2-2-1 《全国研学旅行基地（营地）设施与服务规范》评分表（2021年适用版）

序号	评分项目	大项总分	分项总分	次项总分	小项分值	自查打分	省级打分	终评打分
1	**资质条件**	25						
*1.1	建设与运营应依法合规		2					
	建筑、附属设施设备、服务项目和运行管理符合国家现行的安全、消防、卫生、环境保护、劳动合同等有关法律法规和强制性标准的规定与要求			2				
	建筑、附属设施设备、服务项目和运行管理等，有任意一项不符合国家现行的安全、消防、卫生、环境保护、劳动合同等有关法律法规和强制性标准的规定与要求			0				
1.2	配套食宿接待服务设施（不重复计分）		4					
	自有配套食宿接待设施及服务			4				
	部分自有配套并协调周边1公里范围以内场所，能够同时提供食宿接待服务			2				
	能协调周边1公里范围以内的场所提供食宿接待服务			1				

（续表）

序号	评分项目	大项总分	分项总分	次项总分	小项分值	自查打分	省级打分	终评打分
	周边 1 公里内无法提供自有食宿场所，也无法协调合作的食宿场所			0				
*1.3	单团一次接待能力			2				
	拥有单团一次接待至少 200 人团队的接待能力				2			
	单团一次接待能力不足 200 人				0			
1.4	上一年度组织和接待中小学生研学旅行人次（不重复计分）			5				
	组织和接待人次≥8 万人				5			
	5 万≤组织和接待人次＜8 万				3			
	2 万≤组织和接待人次＜5 万				1			
	组织和接待人次＜2 万				0			
*1.5	与餐饮、住宿、娱乐等各类供应商规范地签订合同，并对其资质进行严格审核			3				
*1.6	与中小学校或旅行社等机构规范签订合同，并对其组团资质及其他相关资质进行严格审核			3				
1.7	创建中国 A 级旅游景区（不重复计分）			3				
	中国 AAAAA 级旅游景区				3			
	中国 AAAA 级旅游景区				2			
	中国 AAA 级旅游景区				1			
	中国 A 级旅游景区，或未参与 A 级旅游景区评定的				0			
*1.8	具有良好的信誉和较高的社会知名度			3				
	得分小计	25	25	—	—			
	得分率（%，小数点后保留 1 位）							
2	场所条件	45						
*2.1	产权关系（不重复计分）			3				
	有独立产权的营业场所				3			
	有租赁使用权达 5 年及以上的营业场所				2			
	拥有 5 年及以上运营权的营业场所				1			
	营业场所的租赁使用权或运营权不足 5 年				0			
2.2	综合面积			6				

（续表）

序号	评分项目	大项总分	分项总分	次项总分	小项分值	自查打分	省级打分	终评打分
2.2.1	占地面积（不重复计分）			3				
	占地面积≥3万平方米				3			
	2万平方米≤占地面积＜3万平方米				2			
	1万平方米≤占地面积＜2万平方米				1			
	占地面积＜1万平方米				0			
2.2.2	建筑面积（不重复计分）			3				
	建筑面积≥8万平方米				3			
	5万平方米≤建筑面积＜8万平方米				2			
	3万平方米≤建筑面积＜5万平方米				1			
	建筑面积＜3万平方米				0			
*2.3	正式经营时长（不重复计分）		3					
	正式成立并营业满3年				3			
	正式成立并营业满2年				2			
	正式成立并营业1年以上				1			
	正式成立并营业不满1年				0			
*2.4	水、电、气、油、压力容器、管线等设施设备应安全有效运行，通讯、无线网络等配套齐全，运行正常		1					
2.5	餐厅		6					
*2.5.1	选址科学，布局合理，其面积、就餐设施均满足接待要求			2				
2.5.2	设有专门的学生食堂，实行营养配餐，用餐卫生，方便快捷			2				
*2.5.3	餐饮服务人员定期体检，持健康证上岗			2				
2.6	住宿		6					
*2.6.1	选址科学，布局合理，便于集中管理，其面积、住宿设施均满足接待要求			2				
2.6.2	设有专门学生宿舍，男女分舍，保证沐浴设施、床铺及床上用品、存储柜等安全卫生			2				
2.6.3	设有选址科学合理、安全合规的野外露营点			2				
2.7	设有符合现行公共厕所相关国家标准规定的厕所		2					

（续表）

序号	评分项目	大项总分	分项总分	次项总分	小项分值	自查打分	省级打分	终评打分
2.8	交通			3				
*2.8.1	可进入性				1			
	可进入性良好，有县级以上的直达公路或旅游专线等便捷交通工具，站牌指示醒目				1			
	不具备较好的可进入性				0			
2.8.2	内部交通设施完善，保证安全通畅，方便游览与集散				1			
2.8.3	内部交通设施使用绿色清洁能源				1			
2.9	导览			3				
*2.9.1	全景、线路、景物、位置和参观线路等各类标识标牌，售票处、服务中心、厕所、餐饮、购物、食宿等场所的服务指示设施，外部交通、内部道路、停车场等的交通导览设施，医疗救护、危险地段、安全疏散通道、质量投诉、安全提示和指引标识等，设计与位置合理，导向清晰，富有特色，能够烘托总体环境				2			
2.9.2	研究论著、科普读物、综合画册、音像制品、导游图等研学信息资料内容准确，契合主题，特色鲜明，品类丰富，及时更新				1			
2.10	安全			12				
*2.10.1	安全设施配置齐全，标识醒目				5			
*2.10.2	基础救护				2			
	基地内部基础救护设备应齐备完好，与周边医院有联动救治机制				2			
	基地内部基础救护设备或与周边医院的联动救治机制缺失，或不能有效发挥作用				0			
*2.10.3	治安保障				2			
	设有治安机构或治安联防点，与周边公安部门有应急联动机制				2			
	未设置治安机构或治安联防点，且未与周边公安部门建立应急联动机制				0			
*2.10.4	监控设施				2			

（续表）

序号	评分项目	大项总分	分项总分	次项总分	小项分值	自查打分	省级打分	终评打分
	在出入口等主要通道和场所安装闭路电视监控设备，实行全天候、全方位录像监控，保证电子监控系统健全、有效，影像资料保存 15 天以上				2			
	在出入口等主要通道和场所安装闭路电视监控设备缺失，不能实现全天候、全方位录像监控，或电子监控系统失效，或影像资料保存不足 15 天				0			
2.10.5	周边派出所			1				
	30 公里内有派出所				1			
	30 公里内无派出所				0			
	得分小计	45	45	—	—			
	得分率（%，小数点后保留 1 位）							
3	人员配备	70						
3.1	专业人员要求		40					
*3.1.1	配备符合《研学旅行指导师（中小学）专业标准》（T/CATS 001—2019）要求的专职研学旅游指导师（不重复计分）			15				
	8 名及以上				15			
	4 名及以上				9			
	3 名				6			
	少于 3 名				0			
*3.1.2	为每个研学旅行团队配置数量适宜的专兼职研学旅游指导师（学生与研学旅游指导师的比例不低于 50：1）			4				
*3.1.3	为每个研学旅行团配置 1 名项目组长，项目组长全程随团活动，负责统筹协调研学旅行各项工作			3				
*3.1.4	至少为每个研学旅行团队配置相应数量的安全员（学生与安全员的比例不低于 50：1），安全员在研学旅行过程中随团开展安全教育和防控工作			3				
*3.1.5	指定 1 名中高级管理人员担任基地内审员			3				
*3.1.6	基地接受委托开展研学旅行活动，应在合同或经双方确认的活动方案中明确要求委托方至少派出 1 人作为代表，负责督导研学旅行活动按计划开展			2				

（续表）

序号	评分项目	大项总分	分项总分	次项总分	小项分值	自查打分	省级打分	终评打分
3.1.7	建立研学旅游指导师全员培训制度，组织专兼职研学旅游指导师跨学科、跨专业进修，提升观察、研究、指导学生的能力，培养综合性研学旅游指导师队伍，为更好地开展研学旅行培养师资力量			6				
3.1.8	对符合《研学旅行指导师（中小学）专业标准》要求的研学旅游指导师，给予门票减免或优惠政策，并向社会公示			4				
3.2	服务人员要求			16				
*3.2.1	有与学生数量相匹配的，为其提供各类研学旅行相关配套服务的专业服务人员			3				
3.2.2	遵守服务时间，坚守岗位，举止文明，热情服务，熟悉工作环境，掌握基本的法律常识、宗教信仰和民族习惯等方面的知识			3				
3.2.3	掌握一定的医学知识与灾害应急常识，熟悉基地内的医疗服务点、紧急避险通道等，有遇突发情况能够自救和帮助游客进行避险逃离的能力			4				
3.2.4	进行专业岗位培训，宜每年参加一次相关专业培训，熟练掌握本岗位业务知识和技能			6				
3.3	人才保障激励机制			14				
3.3.1	建立完善的研学旅游指导师、优秀服务及专业人才、管理人才等保障机制：办理养老保险、医疗保险、失业保险、生育保险和工伤保险；办理住房公积金			7				
3.3.2	建立完善的、有效的研学旅游指导师、优秀服务及专业人才、管理人才等的激励制度：薪酬激励制度、职务晋升激励制度、奖优倡优激励制度、福利激励制度等			7				
	得分小计	70	70	—	—			
	得分率（%，小数点后保留1位）							
4	**教育与体验**	100						
*4.1	各类课程应与中小学校、中高等教育院校、教育科研机构或相关主管部门共同规划、设计			6				
4.2	各类课程设计阶段，应根据学生的年龄和能力，引导学生适度参与方案设计			3				

（续表）

序号	评分项目	大项总分	分项总分	次项总分	小项分值	自查打分	省级打分	终评打分
*4.3	主题教育（不重复计分）		6					
	5种及以上			6				
	2种及以上			3				
	1种			1				
	主题特色不鲜明			0				
4.4	研学路线		12					
*4.4.1	研学路线数量（不重复计分）			6				
	5条及以上				6			
	3条及以上				3			
	2条				1			
	1条				0			
4.4.2	结合自身地理位置和周边资源，规划设计研学实践教育路线，且每条路线均应包括以周边资源和环境相结合的外部路线和以基地规划和配套设施相结合的内部路线，保证路线设置便捷、合理，与基地研学主题协调一致			3				
4.4.3	保证研学旅行线路有较强的针对性、可操作性、安全性			3				
*4.5	能力培养（不重复计分）		6					
	5项及以上				6			
	3项及以上				3			
	2项				2			
	1项				0			
*4.6	应基于基地实际，于研学旅行开展前，指导学生做好知识准备工作、安全注意事项等，并提前告知家长此次研学课程具体内容			4				
*4.7	每个研学旅行团体在本基地内的单个体验教育课程项目的时间，小学阶段宜不少于60分钟、初中阶段宜不少于90分钟、高中阶段宜不少于120分钟			3				
4.8	研学旅行过程中，组织学生参与教育课程项目，指导学生撰写研学日记或调查报告等			4				

（续表）

序号	评分项目	大项总分	分项总分	次项总分	小项分值	自查打分	省级打分	终评打分
4.9	研学旅行结束后，应组织学生分享心得体会，如组织征文展示、分享交流会等			4				
4.10	课程与学校教学计划与内容相衔接，学习目标明确，主题特色鲜明，富有教育功能			5				
4.11	设计不同学龄段学生使用的研学教材，内容编排合理，保证教育性、实践性强			5				
4.12	根据基地的主题，编制研学旅行解说教育大纲，凸显本地的资源或文化特色			5				
4.13	设计实施跨学科实践性课程，能从学生的真实生活和发展需要出发，从生活情境中发现问题，转化为活动主题，通过探究、服务、制作、体验等方式，培养学生的综合素质			5				
4.14	为不同研学教育主题以及不同年龄段的学生配备相应的研学场地和演示、体验、实践的设施			4				
4.15	质量评估			20				
4.15.1	在实施过程中，随着活动的不断展开，基地研学旅游指导师有能力或可以配合随团教师指导学生，并根据学生实际反馈情况，对活动的目标与内容、组织与方法、过程与步骤等作出动态调整，使活动不断深化				4			
4.15.2	课程设计及实施应有利于教育机构（中小学）采用质性评价方式				4			
*4.15.3	建立研学课程的教育效果测评制度，能够持续改进基地的研学教育服务与设施				8			
*4.15.4	建立与学校、学生、家长实时沟通的网络平台				4			
*4.16	上一年度研学旅行抽样调查平均满意度（不重复计分）			8				
	满意度达到95%				8			
	满意度达到92%				4			
	满意度达到85%				2			
	满意度低于85%				0			
	得分小计	100	100	—	—			
	得分率（%，小数点后保留1位）							
5	安全管理	35						

（续表）

序号	评分项目	大项总分	分项总分	次项总分	小项分值	自查打分	省级打分	终评打分
*5.1	设置内部安全管理机构，建立系统完备的安全管理制度，建立岗位安全责任制和安全事故上报机制，保证营运秩序良好、管理人员到位，配备安全管理人员和巡查人员，有常态化安全检查机制和安全知识辅导培训		5					
*5.2	有地震、火灾、食品卫生与安全、公共卫生、治安事件、设施设备突发故障等各项突发事件应急预案，有培训、演练计划和实施记录		6					
*5.3	应设立相关方安全责任机制，与参加研学旅行学生家长和开展研学旅行的相关企业或机构签订安全责任书，明确各方安全责任		3					
*5.4	基地内禁止存放易燃、易爆、腐蚀性及有碍安全的物品		2					
*5.5	住宿场所应配有宿舍管理人员负责学生安全，安排保安人员昼夜值班巡逻，保障学生的财产和人身安全		4					
*5.6	有针对性地对参与研学旅行师生进行安全教育与培训，帮助其了解有关安全规章制度，掌握自护、自救和互救方面的知识和技能		4					
5.7	建立结构合理的专职、兼职、志愿者等相结合的基地安全管理队伍		3					
*5.8	切实发挥保险保障和补偿作用	8						
	已投保公众责任险，且已投保无清单方式承保的未成年人意外伤害保险（含意外医疗、急性病医疗责任；含住院费用垫付等应急服务），总保额达1500万元		8					
	已投保公众责任险，且已投保无清单方式承保的未成年人意外伤害保险（含意外医疗、急性病医疗责任；含住院费用垫付等应急服务），保额达1000万元		5					
	已投保公众责任险，但未投保无清单方式承保的未成年人意外伤害保险（含意外医疗、急性病医疗责任；视频医生初诊、住院费用垫付等应急服务）		2					
	未投保公众责任险		0					
得分小计		35	35	—	—			
得分率（%，小数点后保留1位）								

（续表）

序号	评分项目	大项总分	分项总分	次项总分	小项分值	自查打分	省级打分	终评打分
6	**服务管理**	25						
6.1	有组织机构图和部门组织机构图，有完善的规章制度、服务标准、管理规范和操作程序，适时更新并保留更新记录				7			
6.2	设置服务监督管理部门及投诉处理部门				4			
6.3	建立健全服务质量监督保障体系，明确服务质量标准和岗位责任制度，有检查、问责和改进记录				7			
6.4	建立健全的投诉与处理制度，保证投诉处理及时、公开、妥善，档案记录完整				7			
	得分小计	25	25	—	—			
	得分率（%，小数点后保留1位）							
7	**加分项**	10						
7.1	教育价值：具有较高历史价值、文化价值或科学价值，该类价值在本地具有较高的教育意义				3			
7.2	旅游价值：在观光游览、休闲度假、沉浸体验等方面具有较高开发利用价值或较大影响力，并在本地具有较高的独特性				3			
7.3	坚持公益性原则开展研学旅行业务，积极承担社会责任				4	—	—	
	得分小计	10	10	—	—			
	总得分					—	—	
	总得分率（%，小数点后保留1位）							

达标条件：

1. 必备条件：标*的为必备条件。对照标准检查时，任意一项必备条件为0分，则停止后续打分程序。

2. 评价内容分为资质条件（25分）、场所条件（45分）、人员配备（70分）、教育与体验（100分）、安全管理（35分）、质量管理（25分）等6个大项，总分300分，不含加分项（10分）。达标单位的最低得分线为255分，且各大项最低得分率为80%。公式为：得分率 = 该项实际得分 / 该项标准总分 ×100%。

思考与练习

思考题

请评估你所在的学校是否具备申报研学实践教育基地或营地的条件。

实操题

请运用所学到的知识，为你身边熟悉的一家 A 级旅游景区策划研学基地项目。

任务三　研学旅行基（营）地的配套服务

学习目标

- 了解研学旅行基（营）地的配套服务内容；
- 理解标识、交通、餐饮、住宿等各项配套服务的要求。

学习任务导图

```
                                          ┌── 交通服务的含义
                          ┌── 标识服务      │
                          │               ├── 交通服务的构成
                          ├── 交通服务 ─────┤
研学旅行基（营）地的配套服务 ─┤               ├── 交通服务的要求
                          ├── 餐饮服务      │
                          │               └── 停车场的管理与服务
                          └── 住宿服务
```

任务内容

　　研学旅行基（营）地配套服务是指研学旅行基（营）地为了满足学生多元化、多样化的服务需要，通过整合基（营）地服务能力，提供支持性、配套性、多样性的整体解决方案，使学生能够在同一个研学旅行基（营）地获得尽可能完善的服务，以顺利安全地完成研学课程。基（营）地配套服务包括标识服务、交通服务、餐饮服务和住宿服务。

1. 标识服务

所谓标识就是标志、记号，具有引导、指示、识别、警告的作用。标识是标识服务系统的基本元素，是研学旅行标识服务系统的主体部分。

一个完整、有效的标识服务系统应具有多方面的功能。它不仅能使学生了解基（营）地的资源和主要特点，还为学生提供良好的指导和服务。标识服务系统具有提供基（营）地信息和导向服务、再现基（营）地文化资源及其价值、保护研学旅行资源和设施、提高基（营）地知名度等功能。

研学旅行基（营）地标识服务系统主要由基（营）地交通导引标识服务系统、解说服务系统和学生服务中心系统三部分构成。

标识服务系统设置有以下要求：

①学生服务中心位置一般设在基（营）地入口、餐饮集中的地区，或是进入基（营）地的交通节点位置。

②研学旅行基（营）地交通导引标识服务系统包括基（营）地道路牌、道路交通标线、安全护栏、反光镜和防眩设置、公交车次通告、交通设备使用说明。

③基（营）地全景图即导游全景图，也叫基（营）地总平面图，包含基（营）地全景地图、基（营）地文字介绍、学生须知、研学点相关信息以及投诉机关电话、救援电话、咨询电话等。

④研学点解说牌也称研学资源介绍牌，是用来介绍各个研学点的基本情况的，包括名称、由来、资源概况、周围环境、历史文化等与研学点相关的信息。

2. 交通服务

（1）交通服务的含义

广义的基（营）地交通服务是指基（营）地向学生提供的从某一研学点到另一研学点的空间位移的各种交通服务，具体包括道路、工具、站点和引导等方面的服务。研学旅行基（营）地车辆交通安全管理制度和基（营）地交通服务是基（营）地研学旅行活动顺利进行不可缺少的基础。一般来说，基（营）地的交通服务分为外部交通服务和内部交通服务，这里主要阐述基（营）地的内部交通服务。

基（营）地的内部交通服务是指基（营）地为学生提供的在基（营）地内部空间移动的服务，也是学生开展研学旅行活动、了解研学旅行资源的有效途径。基（营）地的内部交通是联系各个研学点和景点的纽带，是组成研学点的要素，强调可通达性、视觉效果和美学特征。基（营）地的内部交通一般采用公路、水路、特种交通和步行方式。主要交通工具包括环保车、电瓶车、出租车、缆车、游船、滑竿等。

（2）交通服务的构成

基（营）地的交通服务包括陆上交通服务，如汽车、电瓶车；水上交通服务，如游轮、游船；空中交通服务，如山顶索道；特种交通服务，如电梯、缆车。

（3）交通服务的要求

基（营）地的交通设施是基（营）地正常运行、学生实现空间位移的基本保障，也是研学旅行活动顺利完成的必要条件。因此，基（营）地的交通服务必须符合以下要求：

①**活动安全性**　安全性始终是各方最为关心的问题，务必充分考虑研学旅行交通服务过程中的安全性，如道路的安全性、交通工具的安全性以及途经区域的安全性等。

②**进出畅通性**　进出畅通性是指基（营）地同外面交通联系的通畅性和便利程度，不仅要方便学生进入，而且要保证学生研学旅行结束后能顺利离开。

③**运行准时性**　基（营）地交通运行的准时性非常重要，任何一个环节的延误和滞留都会产生连锁反应，甚至可能带来损失。

④**服务节奏性**　基（营）地应当能够及时缓解客流量高峰期带来的压力，为学生提供高效、优质、快捷的交通服务。

⑤**方式多样性**　基（营）地工作人员应该熟知研学旅行交通服务的多样性，增加学生对研学旅行交通的选择。

（4）停车场的管理与服务

基（营）地一般都设有停车场，这是基（营）地的基础设施之一，具体要求有：

①位置合理，景观协调。

②容量合理，规模恰当。停车场面积的大小应根据基（营）地接待学生的容量决定，停车场规模与学生承载量相适应。

③结构合理，标识齐全。合理设置出入口，设置大小车停车区，对车位进行编号，设置回车线，设置备用停车场等。

④配套合理，服务完善。具备消防设施服务、停车管理服务等。

3. 餐饮服务

餐饮服务的具体要求包括：

①**餐厅位置合理**　要注意基（营）地餐厅的选址与环境的设计。如果餐厅距离研学点太远，则很难为研学旅行团队提供好的用餐服务。

②**环境清洁卫生**　餐厅卫生应符合《食品安全国家标准 餐饮服务通用卫生规范》（GB 31654—2021）要求。基（营）地饮用水应执行《生活饮用水卫生标准》（GB 5749—2022）的有关规定。用餐环境整洁雅净，空气清新，餐具用品经过严格的消毒，餐饮产品新鲜、卫生、注意食品安全，环境与设施整洁舒适，管理规范，秩序良好。

③**产品明码标价**　需要制定合理的价格，各类餐饮产品应该明码标价，做到诚信经营。

④**服务快速及时**　一般要求研学团队抵达前20分钟开始上菜，在学生抵达前上完，并且保证菜品温度适宜。

⑤**尊重关爱学生**　餐饮服务人员要以友好、诚恳的态度接待学生。

⑥**注重特色文化**   研学旅行基（营）地餐饮服务还要进行饮食文化的创新，体现特色饮食文化的教育功能。

⑦**管理服务规范**   研学旅行基（营）地餐饮服务的主要服务对象是学生，与社会其他餐饮企业相比服务更加规范，管理更加严格。须符合《中华人民共和国食品安全法》及其他相关规定要求。

4. 住宿服务

按照研学旅行基（营）地住宿接待设施的档次和运作模式，基（营）地服务可以分为学生宿舍、星级饭店、经济型酒店和青少年露营地4种类型。在此主要介绍学生宿舍和青少年露营地。

学生宿舍是研学旅行基（营）地为学生参加研学旅行活动而设置的学生集体生活、研学、住宿的场所。学生宿舍包括寝室、卫生间、洗浴间、阳台等。主要有以下特点：

①不同的基地营地有不同规格的学生宿舍，而不同规格的学生宿舍其设置装备也不同。

②男、女学生宿舍区域隔离分开，相对独立。

③多人间宿舍一般4人或6人一间，也有8人间的宿舍。

④学生宿舍床铺为铁架或木制，分上下两层，有的为组合式床铺。

⑤学生宿舍一般都带有独立卫生间。

⑥宿舍内配有学习桌、小衣柜、电视、空调等。

青少年露营地就是青少年营地，是以自然界活动为主题，主要培养青少年参与团队休闲活动的兴趣，促进青少年、智、体、美全面发展，具有相应服务设施的场所。完整的青少年营地包括门区、营围、服务中心、户外教育区、军事训练体验区、户外体育、帐篷露营区、自行车道、特色项目区。

📖 思考与练习

思考题

1. 请简述餐饮服务的要求。

2. 你觉得住宿服务应该注意什么？

任务四　研学旅行基（营）地考察调研要点

学习目标

- 掌握研学目的地考察调研的流程和技巧；
- 能够开展考察调研活动。

学习任务导图

```
                                    前期准备

研学旅行基（营）地考察调研要点        考察过程中的工作要点

                                    调研复盘总结
```

任务内容

研学旅行基（营）地的资源调研是课程开发的起点，调研工作包括基（营）地可利用的场地、设施设备、人才结构等软硬件课程资源，以及基（营）地需求、当地教育部门要求、师生课程要求等诸多问题。在给研学旅行基（营）地开发课程之前，课程开发人员首先要对基（营）地的资源进行调研，主要包括以下内容：

①通过资源调研，确认基（营）地的资源属性，确定可开发的主题课程，在调研过程中，尽可能挖掘资源的多重属性，为学生多元化、多角度探究学习提供条件。

②通过考察了解基（营）地的资源特点，确定最佳的课程实施组织方式，了解基（营）地各教育功能区场地大小和单元课程的学习时间，以便在课程实施过程中，合理分配各课程单元时间，做好时间和场地的衔接设计。

③前往基（营）地实地调研，有效查看每一块教育功能区、生活配套区等教学资源，排除课程组织实施过程中的安全隐患，并了解研学目的地的地理环境、气候特征，确定课程组织实施的必备物质条件。

④通过调研了解研学旅行基（营）地的特殊要求，了解研学旅行基（营）地的主营业务及其建设研学基地的理念、想要达到的教育目的和情怀，有些主营业务区域为不可利用课程资源区域，故特别要确定研学旅行基（营）地可开发区域和禁止开发区域。

1. 前期准备

第一，通过各项渠道提前了解基（营）地核心资源、主要业务及周边地理位置，对研学旅行基（营）地有初步的了解，包括研学旅行基（营）地荣誉、当地研学政策文件、学生市场规模、周边的产业资源和景区资源、当地大学专业院校等，填写基（营）地信息记录表（见表2-4-1）。主要渠道有：

①与研学旅行基（营）地对接人沟通并提供相关资料。

②通过研学旅行基（营）地公众号、官方网站以及其他宣传平台查询，如抖音、视频号等。

③使用微信搜一搜，根据同类型的关键词进行搜索。

④使用百度百科等搜索引擎查询。

⑤在当地省人民政府、教育厅、市人民政府、市教育局网站搜索研学相关政策文件，查阅当地国民经济和社会发展统计公报中关于学生、产业等的数据。

表2-4-1 基（营）地信息记录表

单位名称		
单位详细地址		
单位类型	□事业单位　　　□国有企业 □民营企业　　　□其他：	
所属类别	□优秀传统文化板块　□革命传统教育板块 □国情教育板块　　　□国防科工板块 □自然生态板块　　　（可多选）	
内部容纳同时开展活动人数		
内部容纳同时就餐人数	住宿床位数	
内部基本医疗保障条件		
基本信息*		

＊说明：此处填写单位简介，含行业地位，研学资源介绍，其他机构命名、授牌情况。

第二，进行考察人员分工，包括拍照采集、拍摄录像、沟通记录等，列好清单做好分工记录，实施每项工作任务责任到人机制。

第三，准备考察表格及工具，出发之前再次检查确认，以防遗漏：

①**考察表格**　《研学旅行基（营）地考察表》《基（营）地考察课程知识点记录表》是考察调研过程中必须填写记录的内容，表格范例见表2-4-2、表2-4-3。

②**工具**　拍摄录制过程中所需要的电子设备，如手机、相机、录音笔、U盘、手提电脑、收音器等。

表 2-4-2 广州某研学基地考察表

×× 研学旅行基（营）地考察表					
参与单位1	广州某研学基地		人员安排		王总、李老师
参与单位2	研学 ×× 总部		人员安排		小王、小花、阿明
工作名称	研学课程规划考察		工作单号		YXH-KC-4401-005
目的地	广州市番禺区 ×× 研学基地		考察日期		2022 年 7 月 5 日
序号	项目内容	项目说明	负责人	所需器材	详细说明	成果输出
1	基地考察照片留存	1.基地门口 2.基地标志 3.基地荣誉 4.基地概貌 5.考察工作状态 6.基地产品 …………	小王	相机、手机、平板电脑等	拍照、录像要求详见考察调研拍照标准和考察调研录像标准	照片打包文件
2	基地考察视频留存	1.基地生产状态 2.基地概貌 3.考察团队动态 4.讲解员实地讲解	小花	相机、手机、云台等		视频打包文件
3	基地考察音频留存	1.讲解员实地讲解 2.相关企业介绍	阿明	手机、收音设备等	—	音频打包文件
4	基地考察现有资料收集	1.鸟瞰图 2.功能分区图 3.企业文化介绍 4.宣传资料 5.基地简介 …………	小王	U盘、手袋、相机、手机等	包括文档、视频等，提交电子版	清单对应表、资料库打包文件

（续表）

序号	项目内容	项目说明	负责人	所需器材	详细说明	成果输出
5	基地考察课程知识点记录	1. 讲解员讲解关键点 2. 各功能区知识点 3. 接待量等设施设备记录 4. 与企业员工沟通内容 5. 品牌故事内容	阿明	笔、纸、笔记本、手机等	格式详见研学汇基地考察课程知识点记录表	考察报告
6	基地考察路线图记录	1. 考察路线图 2. 功能区划分图	阿明	笔、纸、笔记本、手机等	—	
7	品牌故事访谈	1. 企业创始人访谈 2. 企业负责人访谈	小花	云台、相机、手机、收音设备等	采访稿详见品牌故事采访稿	原片打包文件

表 2-4-3 基（营）地考察课程知识点记录表

基（营）地考察课程知识点记录表			
项目要求	项目范围		
	重点开发		
	限制开发		
	禁止开发		
现状分析			其他分析记录
设施设备			
交通			
容纳量			
其他资源			
安全隐患			
提升点			
课程资源	功能区划分		
	课程核心		
	课程主题		
其他考察笔记			
考察总结			
动线图、功能分区图			

请扫描本书二维码，阅读考察调研拍照标准和考察调研录像标准。

2. 考察过程中的工作要点

结合考察表格内容要求，进行照片、视频、音频、动线图、基（营）地纸质资料介绍、考察过程文字记录等资料收集、留存。

①**了解拍照内容**　参考拍照标准和要求，记录包含基（营）地大门门口、基（营）地概貌、基（营）地指示标志、所获荣誉拍照、主营业务产品、同事们考察调研的工作状态、与基地对接人合影等。

②**了解录像内容**　参考录像标准和要求，记录包含基（营）地生产状态、基（营）地整体概貌、参观动线、考察团队动态、讲解员实地讲解过程等。

③**音频资料收集**　主要录制讲解员的实地讲解内容。

④**纸质资料收集**　主要包含鸟瞰图、功能分区图、基（营）地文化介绍、宣传资料、基（营）地简介等纸质资料。

⑤**记录重点**　主要包含讲解员讲解的关键点、各功能区知识点、交通和接待量相关的设施设备、与基（营）地员工沟通内容及基（营）地的需求、考察路线图、功能区划分图、有安全隐患的点、基（营）地可提升改造的点、可开发的区域、基（营）地开展过的活动课程、课程实施时基（营）地能提供的帮助等。

⑥**品牌故事访谈**　视实际情况而定，如有需求，可与基（营）地创始人、负责人进行简单的访谈，主要是了解基（营）地建设的理念，基（营）地想要达到的教育目标等，为基地建设和课程开发提供参考，也可用于基（营）地宣传。如果对访谈和录制有较高的要求，访谈人员需要提前准备好访谈大纲。

3. 调研复盘总结

第一，进行考察记录梳理，形成考察总结：

①把考察调研收集到的电子资料进行分类整理。视频资料、音频资料、照片资料打包存档，上传至指定位置如公司共享网盘、共享硬盘等。

②结合电子及纸质资料的内容，梳理知识记录表内容，并通过思维导图结构化方式列出重点内容，形成文档版考察总结或思维导图版总结纲要。

③把考察调研收集到的纸质资料进行分类整理，文字记录资料通过拍照或扫描的方式进行电子存档，并把纸质版保存到公司指定位置。

请扫描本书二维码，阅读基地考察总结案例文档和思维导图。

第二，进行团队内部交流分享：

①组织项目成员参与考察调研复盘会，做好复盘会的分享资料，如演示文稿、照片、视频等，进行结构化讲解介绍，这个环节需要客观描述基（营）地的资源实际情况。

②作为调研人员，进行自我分享，第一说自己的感受、体验、成长收获等，第二说团队的表现、合作力等，第三说不足之处、可提升的点等。

第三，进一步进行基（营）地资源分析，结合前面的复盘，与项目组成员一起通过头脑风暴，做好基地核心定位，确定主题方向：

①在头脑风暴环节，每位成员提出自己的想法和建议，包括如何挖掘基（营）地的资源多重价值，如何通过设计给基（营）地带来增值效应，如何确定课程主题，可以设计哪些有趣的活动。想法越多越好，最后进行整理，选择最合理的方案。

②遵循活动原则，首先要立足基（营）地的特色资源，挖掘其内涵，提炼活动主题；其次结合学生发展特点，考虑学生是否感兴趣，资源是否具有探究价值等；最后要保证可行性，考虑定位是否符合基（营）地的发展方向，是否结合当地的政策指导方向，是否能带来增值性，课程主题是否符合基（营）地的设施设备条件，是否具有可持续操作特征，落地实施能否避免安全隐患，等等。

思考与练习

思考题

请说说考察调研的注意事项有哪些。

实操题

请把你所在的校园看作一个基地，组织调研团队，开展考察调研活动，并形成调研总结，在班级进行复盘分享。

项目三
研学旅行课程方案设计

　　要创作出符合要求的研学旅行课程及研学旅行线路产品，就要对研学旅行相关知识进行学习，明确研学旅行课程设计的目的和各项要求，这样才能有效设计出符合不同年级、不同层次、适应市场、可持续发展的研学旅行课程方案。而课程内容是研学旅行课程的核心，关系到研学旅行的教育教学质量。本项目从"课程设计理论基础"入手，逐步分析研学旅行课程内容的要点，明确其设计原则和依据，介绍研学旅行课程内容的设计方法。通过本项目的学习，读者能对研学旅行课程和产品方案有基本的认识，熟悉项目式学习的概念，了解体验式学习的方式，掌握项目式学习的应用技巧与方法，掌握研学旅行课程内容设计的技巧与方法，掌握研学旅行课程手册设计的技巧、方法与流程。

研学旅行课程方案设计

- 课程设计理论基础
- 课程设计要素
- 项目化学习在研学实践中的应用
- 认识课程方案设计
- 课程驱动设计与情境创设
- 课程活动设计
- 课程脚手架设计
- 成果展示设计
- 复盘反思设计
- 学习地图设计
- 研学课程产品手册设计
- 研学课程学生手册设计
- 研学课程教师指导手册设计
- 研学课程的行前课设计

任务一　课程设计理论基础

学习目标

● 了解新时代中国教育变革与发展的基本趋势，即从"五育并举"到"五育融合"教育新体系；了解常见的课程教学方法与组织形式；

● 熟悉课程目标、课程内容、课程活动、课程实施、课程评价、课程反思、课程管理与保障等设计流程；掌握研学旅行课程计划基本理论与研学旅游指导师必备核心素养能力模型。

学习任务导图

```
                                    ┌─ 学科课程与活动课程
                                    │
                                    ├─ 分科课程与综合课程
                                    │
                    ┌─ 课程的含义    ├─ 必修课程与选修课程
                    │               │
课程设计理论基础 ─────┼─ 课程的类型 ──┼─ 国家、地方、校本课程
                    │               │
                    ├─ 课程的设计    ├─ 基础型、拓展型、研究型课程
                    │               │
                    └─ 课程的评价    └─ 显性课程与隐性课程
```

🪧 任务内容

1. 课程的含义

在中国教育发展史上，"课程"一词始见于唐代，孔颖达在《五经正义》里为《诗经·小雅》注疏时就使用了"课程"一词："维护课程，必君子监之，乃得依法制也。"南宋朱熹在《朱子全书·论学》中曾多次使用"课程"一词，例如"宽着期限，紧着课程"，以及"小立课程，大作功夫"，虽然他并没有对"课程"作明确界定，但"课程"的含义是很清楚的，即学习的范围与进程。在西方，英文"课程"（curriculum）一词来源于拉丁文词根，原意是"跑道"（race course），隐喻为"一段教育过程"。把"课程"作为教育科学的专门术语始于英国教育家斯宾塞的《什么知识最有价值》一文。作为教育科学的重要倡导者，斯宾塞把课程解释为教学内容的系统组成。

一般认为，美国学者博比特于1918年出版的《课程》一书是教育史上第一本课程理论专著，标志着课程作为专门研究领域的诞生。

中国著名的主体教育论专家王道俊教授在其主编的《教育学》中指出：课程设计是以一定的课程观为指导制定课程标准、选择和组织课程内容、预设学习活动方式的活动，是对课程目标、教育经验和预设学习活动方式的具体化过程。

中小学生研学旅行需要进行课程设计，是因为研学旅行也是学校综合实践育人的有效途径之一，其教育教学工作本质上与其他教学活动一样。课程也是研学旅行教育活动的核心，而且研学旅行的课程与一般的学校课程不同，还需要依托当地资源进行特定设计，以达到教育教学目标。所以，研学旅行课程设计对于研学旅行基（营）地提升核心竞争力具有极重要的意义。

2. 课程的类型

（1）学科课程与活动课程

根据学科固有的属性，课程可分为学科课程和活动课程。

学科课程是以文化知识为基础，按照一定的价值标准，从不同的知识领域或学术领域选择一定的内容，根据知识的逻辑体系，将所选出的知识组织为学科的课程。学科课程是最古老、使用范围最广的课程类型，中国古代的"六艺"、西方古代的"七艺"大概是最早的学科课程形态。学科课程的主导价值在于传承人类文明，使学生掌握、传递和发展千百年来人类积累起来的文化知识遗产。

中小学开设的语文、数学、历史、地理等课程中属于学科课程的主要特点有：

①依据知识的门类分科设置，是将人类活动经验加以抽象、概括、分类整理的结果。

②往往是相对独立、自成体系的。

③通常按特定知识领域内在的逻辑体系来加以组织。逻辑性、系统性和简约性是学科课程最大的特点。

活动课程也称经验课程，是从学生的兴趣和需要出发，以学生的主体性活动或经验为中心组织的课程。活动课程的主导价值在于使学生获得关于现实世界的直接经验和真切体验。其主要倡导者和代表人物是美国教育家杜威。活动课程的主要特点有：

①课程应该以学生的兴趣、爱好、动机、需要、能力等为核心来编制。

②课程强调的不是学科知识，而是学生的发展，主张以学生的直接经验作为教材内容。

③体现了以人为本的课程理念，关注学生在学习活动中的情感及体验，突出知识的获得过程。

活动课程与学科课程的关系，实际上反映的是人的直接经验与间接经验、个人知识与公共知识、儿童当下的心理经验与凝结在学科中的逻辑经验之间的关系，也从一个侧面反映了成人学习方式与儿童学习方式的差异。

（2）分科课程与综合课程

根据课程内容的组织形式，课程可分为分科课程和综合课程。

分科课程是一种单学科的课程组织模式，强调不同课程之间的相对独立性和一门学科逻辑体系的完整性，其主导价值在于使学生获得逻辑严密和条理清晰的文化知识。近代以来，捷克教育家夸美纽斯倡导的"泛智课程"、德国教育家赫尔巴特根据人的"六种兴趣"设置的课程、英国教育家斯宾塞根据功利主义原则设置的课程，都属于分科课程。

综合课程是指打破传统的学科课程的知识领域，组合两门或两门以上学科而构成一门学科的课程。综合课程强调学科之间的关联性、统一性和内在联系。其主导价值在于通过相关学科的整合，促进学生认识的整体性发展，并形成把握和解决问题的全面视野与方法。综合课程的主张由英国哲学家怀特海1912年率先提出。

（3）必修课程与选修课程

根据课程计划对课程设置实施的要求或对学生学习的要求，课程可分为必修课程和选修课程。

必修课程是指国家、地方或学校规定学生必须学习的公共课程，是为了保证所有学生的基础学力而开发的课程。其主导价值在于培养和发展学生的共性，体现对学生的基本要求。就我国现阶段基础教育课程状况而言，必修课程一般包括国家课程和地方课程。为了保证学校教育的质量，每所学校都必须设置一定数量的必修课。

选修课程是指依据不同学生的特点与发展方向，允许个人选择的课程，是为了适应学生的个性差异而开发的课程。其主导价值在于满足学生的兴趣爱好，培养和发展学生的良好个性。

（4）国家、地方、校本课程

根据课程设计、开发和管理主体的不同，课程可分为国家课程、地方课程和校本课程。

国家课程是根据所有公民基本素质发展的一般要求设计的，它反映了国家教育的基本标准，体现了国家对各个地方、社区的中小学教育的共同要求。国家课程是一级课程，其主导价值在于通过课程体现国家的教育意志，确保所有国民的共同基本素质，对政治方向的把握、教育方针的贯彻、培养目标的落实，起着决定性作用。国家课程是由中央教育行政机构编制和审定的课程，其管理权属于中央级教育机关，体现国家对教育的基本要求，在实施上具有强制性。

地方课程是地方教育主管部门以国家课程标准为基础，在一定的教育思想和课程观念的指导下，根据地方经济特点和文化发展等实际情况而设计的课程。地方课程属于二级课程，是不同地方对国家课程的补充，反映了地方社会发展状况下对学生素质发展的基本要求。同时，地方课程对该地方的中小学课程实施具有重要的导向作用，它的主导价值在于通过课程满足地方社会发展的现实需要。

校本课程是以学校为课程编制主体，由学校自主开发与实施的课程。校本课程属于三级课程，其主导价值在于通过课程展示学校的办学宗旨和特色。在学校教育中，校本课程是对国家课程、地方课程的丰富和补充，其开发的目的是满足学生和社区的发展需要。校本课程通常以选修课和特色课的形式出现。

（5）基础型、拓展型、研究型课程

根据课程任务，课程可分为基础型课程、拓展型课程和研究型课程。

基础型课程注重学生基本素质的形成与发展。基础型课程的要求最基本，适应范围广，并可以作为生长点，在此基础上进行拓展。基础型课程是必修的、共同的课程，每个学生都要学习。基础型课程要求很严格，必须有严格的考试。

拓展型课程注重拓展学生知识与能力，着眼于发展学生的兴趣爱好，开发学生的潜能。拓展型课程常常以选修课的形式出现，比基础型课程有更大的灵活性。

研究型课程注重培养学生提出问题、探究问题和解决问题的能力，以培养学生的研究能力、创新精神和合作意识等素质为目标。从问题的提出、方案的设计和实施到结论的得出，完全由学生自己来做，注重研究过程甚于注重研究结论。

（6）显性课程与隐性课程

根据课程的呈现方式或对学生的影响方式，课程可分为显性课程和隐性课程。

显性课程也称公开课程，是指在学校情景中以直接的、明显的方式呈现的课程。显性课程的特征是计划性，这是区分显性课程与隐性课程的主要标志。

隐性课程也称非正式课程、潜在课程、隐蔽课程、无形课程、自发课程等，是指在学校情景中以间接的、内隐的方式呈现的课程，即学校通过教育环境（包括物质、文化和社会关系结构）有意或无意地传递给学生的非公开的教育经验（包括学术与非学术的）。"隐性课程"这一概念由美国教育学家、课程论专家杰克逊在 1968 年出版的《班级生活》中首次提出。

隐性课程的主要表现形式有：

①**观念性隐性课程**　包括隐藏于显性课程之中的意识形态，如学校的校风、学风，相关

领导与教师的教育理念、价值观、知识观、教学风格、教学指导思想等。

②**物质性隐性课程**　包括学校建筑、教室的布置、校园环境等。

③**制度性隐性课程**　包括学校管理体制、学校组织机构、班级管理方式、班级运行方式等。

④**心理性隐性课程**　包括学校人际关系状况、师生特有的心态和行为方式等。

3. 课程的设计

面对 21 世纪快速发展的社会，中国确立了新时代下"五育并举"全面发展的教育体系，研学旅行作为德智体美劳协同综合育人的重要途径之一，其设计尤为重要。根据中小学课程标准及评价体系，应在进行研学旅行课程设计时遵循如下原则：

①**设计系统化原则**　研学课程设计是一项系统化的工程。在研学课程设计中，要遵循系统化的原则，以系统化的思路，对研学课程的设计、实施、评价及资源进行构建，在背景分析、总体目标、课程结构、课程实施、课程评价、反思完善等流程上要进行全面的系统性的规划设计，注重各种课程、活动形式的有机结合，综合运用多种教学方法，对系统性课程目标进行阶段化设置，使课程更加明确并具有可操作性，以提升课程的整体价值，促进学生的全面发展。

②**内容教育性原则**　研学课程内容设计必须把教育性原则放在首位，充分考虑课程目标、课程资源、课程活动环节选择的教育性，课程内容安排要遵循教育规律，要避免"只游不学，只学不游"的现象。

③**实施个性化原则**　研学课程设计要充分考虑参与学生的知识基础、兴趣爱好等实际情况，为不同类型的学生设计不同的学习方法，充分尊重学生的主体地位。坚持以"以学生为中心、以成果为导向"的 OBE（Outcome Based Education）教学理念，在课程实施过程中，也要以学生为中心进行设计，尊重学生成长规律和个人兴趣、特长等特点，给予学生展示个性的机会，实现个性化培养。

④**资源安全性原则**　研学课程的资源安全性是研学课程开展的重要考虑因素。研学课程作为校外活动，实施环境范围广，开放性强，加上中小学生安全意识薄弱，集体出行管理难度大。诸多不可控因素让研学课程开展难免存在安全隐患，如学生走散、摔伤、拥挤、踩踏等安全事故。因此，研学课程设计必须充分考虑安全因素，选择安全的目的地，设计安全性高的研学活动课程，制定切实可行的安全管理措施及必要的应急预案，确保研学旅行全过程每个环节的安全性。

⑤**学科融合性原则**　研学课程资源的多样性，决定了研学课程内容的多样性，需要融多种学科于一体，课程目标制订、资源开发与选择、研学内容和活动环节设计都要注重融合性。在进行不同学段的研学课程设计时，都要注重校内和校外资源的整合、多学科和跨学科的融合、学科课程和实践活动的结合，注重课程内容选择的多样性和丰富性，以充分发挥研学课程综合实践的功能。

⑥**教学实践性原则**　研学课程改变了传统课程教学模式，以学生活动、动手操作、共同

讨论、合作探究为主要形式。教学实践性首先体现为环境空间上的实践性。通过自然环境、社会生活、工业生产等元素营造的空间情景，因地制宜，让学生在实际情境中感受、认知和探究，从而亲近自然、了解社会、认知自我。其次是内容上的实践性。根据不同学段的研学课程目标，有针对性地设计各类体验活动，让学生身体力行地参与实践，在实践中去感受、感悟和探究。

⑦**体验兴趣性原则**　研学课程是课堂教学和生活教育相衔接的综合性课程，在进行中小学研学课程设计之前，要结合中小学生的身心特征、兴趣爱好和课堂知识基础等，根据中小学不同学段的教学目标，系统设计研学课程目标。要引导学生通过观察走向生活、感受生活，激发学生对生活的兴趣，在生活中开阔眼界，增长生活知识，丰富生活经验；通过思考和探究，将研学经验融合到各门课程的知识中去，加强相关科目之间的联系和渗透，促进学校课堂学习的知识和生活经验的深度融合。

⑧**主体多元化原则**　经济全球化进程加速和"互联网＋"时代教育以数字技术和人工智能为基础的时代背景，使人们能够以一种快捷的方式认知和评估知识、技能与态度，随之形成的即时性课程体系为学生提供了更充分的课程体验。未来的课程设计开发会走出学校，创建灵活的学习空间，充分利用社会资源，课程设计随之形成多元主体合作开发的发展趋势。

4. 课程的评价

研学课程由编制、实施、评价和管理等一系列环节不断循环生成和改进。但目前研学课程设计只重视课程的开发、设计、实施，却忽视了课程评价这一关键环节。研学课程评价和一般的课程评价并没有本质的区别，但因为主题、内容及环境资源等方面的多样性与特殊性，研学课程评价有许多区别于一般课程评价的特点。

研学课程的评价需要遵循以下原则：

①**导向性原则**　研学课程评价要将价值导向作用放在重要位置，在课程实施中全面贯彻党的教育方针和国家法律法规，研学课程要按照国家相关的课程标准和先进的教育理念实施教学，加强学生探究性和实践性作业，严格遵守教育部和省教育主管部门制定的有关学生的一系列法律法规与规章制度，这样既能减轻学生过重的课业负担，又可提高研学课程教学质量。

②**系统性原则**　研学课程是中小学课程系列的重要组成部分，所以研学课程也要和学校教育督导评估密切结合，要以中小学课程实施水平评价作为主要参考内容，在研学课程评价理念、评价方式、评价功能上，要侧重课程设置、课堂教学与校本课程、学校活动相结合和对照。

③**科学性原则**　研学课程评价要参照目前中小学课程实施水平评价指标、评价标准、评价程序、评价手段，要符合国家法律法规和教育行政部门的有关规定，遵循教育、教学的基本规律。评价指标和评价标准要体现先进的课程理念，在指标设定、权重分配上发挥积极的引领作用。要做到定性评价和定量评价相结合，并对量化指标进行充分论证，体现客观真实性，

避免主观随意性。同时，评价指标和评价标准也要注意学校的层次差异和多样性，运用发展性评价，引导和鼓励学校打造出特色化的研学旅行课程体系。

④**可操作性原则**　目前国内对研学课程的评价标准不一，没有相对固定的评价标准，具体实施中要对评价标准、观测点和信息收集方法等做出准确、详尽且符合当地教学规律的规定，增强评价的可操作性。这样有利于研学课程评价方案的普及运用，有利于基（营）地完善研学课程设置，落实课程实施与评价等工作。

思考与练习

思考题

试阐述研学课程属于哪种课程类型。

任务二　课程设计要素

学习目标

- 了解核心素养目标和 PBL 项目制学习的课程设计；
- 熟悉课程设计中的课程背景、课程目标、课程结构、课程实施、课程评价、课程管理与保障等基本要素。

学习任务导图

```
课程设计要素 ─┬─ 课程背景分析
              ├─ 课程目标设计 ─┬─ 课程目标的含义
              │                ├─ 课程目标的分类
              │                ├─ 课程目标的确定
              │                ├─ 课程目标的分类
              │                ├─ 课程目标制定原则
              │                └─ 课程目标的叙写
              ├─ 课程结构设计
              ├─ 课程实施设计 ─┬─ 课程实施的含义
              │                └─ 课程实施的流程
              ├─ 课程评价设计 ─┬─ 课程评价的含义
              │                └─ 课程评价的主要内容
              └─ 课程管理与保障
```

🚏 任务内容

1. 课程背景分析

研学旅行本身是国家教育改革的大环境所要求的，要避免"游而不学、学而不游"的现象产生，研学课程的设计与实施起着至关重要的作用。

研学课程设计不仅仅是研学旅行基（营）地（供应方）或者学校（主办方）和旅行社等企业机构（承办方）任何一方面的需求，也不是把"旅游行程""春秋游"简单地活动课程化。研学旅行已经从国家层面纳入教学计划中，研学实践课程应该是学校教育的重要组成部分，是学科课程的拓展和有效补充。因此须对研学课程进行顶层化设计。

在进行研学课程设计前，要对课程背景及国家、省、市相关政策，学校发展需求，学生学情，基（营）地特色等进行分析。

2. 课程目标设计

（1）课程目标的含义

课程目标是指课程本身要实现的具体目标和意图，是指导整个课程编制过程的最关键的准则，是特定阶段的研学课程所要达到的预期结果。

（2）课程目标的分类

①**生成性目标**　并非外部事先规定的目标，而是在教育情境之中随着教育过程的展开而自然生成的目标，关注的是研学活动的过程，考虑学生的兴趣和能力差异，强调目标的适应性、生成性。

②**行为性目标**　指期待的学生的研学旅行学习结果，具有导向功能、控制功能、激励功能与评价功能。行为性目标具体而明确，便于操作和评价，比较适合以训练知识、技能为主要内容的课程。行为取向的课程理论主要有泰勒的课程目标理论和布卢姆的教育目标分类等。

③**表现性目标**　指在研学教育情境中每一个学生个性化的创造性表现。表现性目标关注学生的创造精神、批判思维，适合以学生活动为主的课程安排。

④**普遍性目标**　指根据一定的哲学或伦理观、意识形态、社会政治需要，对研学课程进行总括性和原则性规范与指导的目标，一般表现为对课程有较大影响的教育宗旨或教育目的，对各门学科都有普遍的指导价值。《大学》提出的"格物、致知、诚意、正心、修身、齐家、治国、平天下"的教育宗旨，即典型的普遍性目标。

（3）课程目标的确定

确定课程目标的依据主要包括对学生的研究、对社会的研究、对学科的研究。

（4）课程目标的分类

①**核心素养目标**　主要指学生应具备的，能够适应终身发展和社会发展需要的必备品格

图 3-2-1 中国学生核心素养目标基本点

和关键能力。我国学生核心素养培养以"全面发展的人"为核心，其框架由文化基础、自主发展、社会参与三个方面构成，综合表现为人文底蕴、科学精神、学会学习、健康生活、责任担当、实践创新六大素养，具体细化为十八个基本点。（见图 3-2-1）

②**综合素质目标**　2017 年 9 月教育部颁布的《中小学综合实践活动课程指导纲要》中，明确规定了综合实践活动的课程总目标，即学生能从个体生活、社会生活及与大自然的接触中获得丰富的实践经验，形成并逐步提升对自然、社会和自我之间内在联系的整体认识，具有价值体认、责任担当、问题解决、创意物化等方面的意识和能力，并分别在小学、初中、高中三个学段提出学段目标。

③**劳动教育目标**　指 2020 年 7 月教育部颁发《大中小学生劳动教育指导纲要（试行）》，明确指出劳动教育的总体目标，即树立正确的劳动观念，具有必备的劳动能力，培育积极的劳动精神，养成良好的劳动习惯和品质。

（5）课程目标制定原则

①从国家政策与各地市政策性文本中进行分析，从中把握课程目标的大方向，为研学课程目标提供政策导向和观点的支持。

②从对学生的发展需要和兴趣的分析中确定课程目标的内容。研学课程是为学生服务的，是学校课程体系的有力拓展和补充，其目标也必然要指向学生的发展需要和兴趣培养。调查学生的发展需要和兴趣对课程目标的制定而言是非常重要的。

③在学校课程文化（学校师生共同遵守的核心价值观）的基础上制定。

（6）课程目标的叙写

确立了研学课程目标后，如何叙写也是目标设计中需要关注的方面。课程目标的系统化和文本化要做到内容全面，准确合理，结构清晰，特色鲜明。

3. 课程结构设计

研学课程计划编制中，必须考虑以下问题：课程目标应该指引怎样的课程结构？怎样的课程结构才能支撑起课程目标？课程结构是课程领域的一个核心概念，是指课程各部分的组织和配合，探讨课程各组成部分如何有机地联系在一起的问题。具体来说，对课程机构的研究主要关注如何根据课程目标设计课程，设计哪些课程，不同学科、不同科目的课程怎么设置，它们之间的比例怎么确定等。

研学课程结构要考虑与学校基础型课程与拓展型课程、探究型课程的关系。研学课程主要属于拓展型、探究型课程类别，应根据学校的课程结构和基地营地实际条件，进行有效的研学课程结构设计，与课程目标保持一致。

研学课程架构设计要在学校的课程架构的基础上进行，根据学生的兴趣与发展需求合理开发研学旅行、综合实践、劳动教育等拓展型和探究性课程，并让研学课程做好三类课程的有力补充，要反映学校的办学理念与课程特色，对三类课程做好合理调整，才能让研学旅行课程发挥价值，确保为教学目标的实现助力。

4. 课程实施设计

（1）课程实施的含义

课程实施是指把课程计划付诸实践的过程，它是达到预期的课程目标的基本途径。课程是否有助于实践教育目标的实现，能否为参加研学旅行的学生所接受，从而促进其身心发展，必须通过实施才能得知并进行效果评价。一般来说，课程设计得越好，实施起来就越容易，效果也就越好。

（2）课程实施的流程

课程实施是一个动态的、序列化的实践过程，具有一定的运行流程结构。在课程实施过程中，至少要考虑以下三个阶段共七个方面的问题。

1）行前阶段

第一，安排研学课程活动流程，明确课程活动的开设顺序和课时活动分配。

一个好的研学旅行课程活动流程，是课程理论与研学旅行实践相结合的产物，具有权威性和指导性。课程活动流程安排应遵循以下三个原则：

①**整体性原则**　在安排课程活动流程的过程中，要从全局着眼，统筹安排好研学课程活动计划所规定的课程活动，使课程都处在能发挥最佳效果的恰当位置，从而实现课程功能的协调化、整体化，产生最好的教育效果。

②**迁移性原则**　在安排课程活动流程时，要充分考虑各主题课程之间相互影响的性质和特点，利用心理学的迁移规律，促使课程之间产生正迁移，促进研学旅行教育质量的提高。

③**生理适宜原则**　研学课程活动的安排要考虑到学生的生理特点，使学生的大脑功能和体能处于高度优化的状态，即一方面要考虑到学生在做中学、在游中学，另一方面要考虑到学校对学生身心健康成长的重视。

第二，确定流程中的教学任务。

教学任务通常包括三个方面：一是学生所要掌握的研学旅行课程目标设定的基础知识和基本技能；二是学生达到课程目标所要形成和发展的智力、能力和体力；三是学生所要养成的情感、态度、品德和个性心理品质。

第三，研究学生的学习活动和个性特征，了解学生的学习特点。

学生的学习特点受内外两方面因素的制约。内部因素主要有学生的基础知识和技能水平、智能结构和心理品质、个性特征、学习经验、掌握的学习方法、学习动机和学习积极性等。外部因素主要有研学旅行学习内容、研学旅游指导师教学风格、社会传统、时代要求和教育环境等。这两方面的因素相互联系，相互影响，相互制约，使学生的研学旅行学习形成独特性、稳定性、发展性、灵活性等特点。

第四，选择并确定教学模式。

研学课程实施中，选择哪种与学生的学习特点和教学任务相适应的教学模式，取决于这种模式在帮助学生掌握研学课程内容、达到研学课程目标的过程中的价值的大小。

第五，规划具体的教学单元和课程类型与结构。

研学课程教学单元通常是指研学课程的教材内容中的一个比较完整的部分。在对教学单元进行规划时，需要对教学单元中的主要原理、主要概念、技能、态度、诊断性测验和评价等方面加以考虑。课程是教学单元的组成部分，规划课程就是在解决研学旅行教学活动如何安排的问题。

2）行中阶段

组织并开展研学旅行中的教学活动。组织教学活动是研学课程实施计划的展开过程，是研学课程实施的基本途径。

3）行后阶段

评价教学活动的过程与结果。这是课程实施的最后一项任务或环节。

以上研学课程实施中的三个阶段、七个方面，在运作过程中构成一个循环往复的动态结构，是研学课程实施的流程结构。

5. 课程评价设计

（1）课程评价的含义

课程评价是指依据一定的评价标准，通过系统地收集有关信息，采用各种定性、定量的方法，对课程的目标、实施、结果等有关问题做出价值判断并寻求改进途径的一种活动。

（2）课程评价的主要内容

研学旅行课程实施课程评价的内容包括：

①对参加研学旅行课程活动的学生的综合素质评价及核心素养评价。

②对研学课程的品质评价与研学课程的实施评价。

③对课程评价体系的评价。

6. 课程管理与保障

一个完善的研学课程计划，无法落到实处，就毫无价值可言。而要保证课程计划落到实处，就需要相应的管理与制度作为保障。"管理是通过一系列协调性活动，有效地整合、利用组织资源以达成组织目标的创造性实践活动。"根据定义，管理总是与组织活动联系在一起，课程计划需要由相应的组织统一进行安排、协调和管理。同时，由于不同的课程活动、不同的研学旅游指导师具有不同的需求，因此应该建立多元的组织来满足不同的需求。

①建立课程组织　建立课程组织就是专门建立一个组织，以促进课程计划的实施。

②研制专业制度　为了确保课程计划的实施，除了建立相应的组织之外，还应该研制配套的专业制度，从而发挥课程设计制度的规约功能、保障功能和促进功能。为了配合研学课程建设，首先应该从宏观层面建立课程计划制度，其中包括课程计划的制定、实施和更新等环节。为了保证课程计划的实施，还应该建立课程实施制度。同时，课程资源的开发和管理也是课程建设的重要方面，因此需要建立相应的课程资源管理制度。最后，为了评价课程目标是否实现，还应该建立学生考核制度以及研学旅游指导师的考核和培训制度。

③建立激励机制　研发团队是研学课程建设质量的重要决定因素，为了使课程设计者以积极的态度投入到研学课程建设，有必要建立相应的激励机制。什么是激励呢？总体说来，工作环境、薪酬待遇、组织气氛都可能影响参与者工作的积极性，管理者应该尽量把这些因素转化为激励因素。同时，管理者在参与者激励方面应该坚持公平原则、差异原则和发展原则。公平原则要求管理者一视同仁；差异原则要求管理者在采取激励措施的时候考虑参与者的个体差异，如不同的参与者往往有不同的需要，因此激励方法也应该不同；发展原则是职业的发展前景，即要求管理者建立职业的上升通道。

思考与练习

思考题

1. 请说说课程的设计要素有哪些。
2. 各学段的研学课程目标可以如何设计？

任务三　　项目化学习在研学实践中的应用

学习目标

- 认识项目化学习；
- 了解项目化学习的应用情况；
- 理解如何在研学实践中应用项目化学习。

学习任务导图

```
                                           项目化学习是什么

                                           项目化学习与传统课题化学习的区别

    项目化学习在研学实践中的应用
                                           项目化学习的特征

                                           项目化学习的黄金法则
```

任务内容

在新时代背景下，深化教育改革，全面提高义务教育质量，建立立德树人长效机制是教育发展的根本追求，而教育中最关键的行动体现在学习方式和教学模式上。需要深刻理解人是如何学习的，回归学习的本质和对问题的探求，在这个过程中，既使学习者能够对外部世界有一个深入的探求，同时也实现对自己精神家园的一种建构，这应该是我们学习的本意。

项目化学习正是体现这种学习本质的方式之一。[1]

1. 项目化学习是什么

项目化学习的指向是创造性解决问题的能力，学生对真实而有挑战性的问题进行持续探究，创造性地重构知识并解决问题，形成富有创意的成果。其实，项目化学习并不是新鲜事物，它有个耳熟能详的名称——PBL（Project Based Learning）项目制学习。我国项目化学习的探索过程也是 PBL 项目制学习理论适应本土教育的过程，早在 20 世纪初它的理论就已初步形成，通过近 20 年的发展，相关技术和方法论更加成熟完善，在全球范围内，PBL 成为教育改革的热点词。

项目化学习一般有两个含义：

①**问题式学习**　问题驱动教学法（Problem-based Learning）是一种以学生为主体，以专业领域内的各种问题为学习起点，以问题为核心规划学习内容，让学生围绕问题寻求解决方案的一种学习方法。

②**项目式学习**　通过项目式学习（Project-based Learning）是驱动学生主动发现问题并协作确定解决问题方案的学习型课程模式，它引导学生们主动探索现实世界的问题和挑战，并在这个过程中领会到更深刻的知识和技能。

从中可以看出，项目化学习本质上就是以项目或者问题作为载体，学生在完成项目、解决复杂问题的过程中学习，是践行研究性学习最有效的方法之一。如果能够用 PBL 项目式学习方法与我们的研学旅行课程方案相融合，就能进一步激发学生的探究动力和学习驱动力，提升学习体验的品质，以达到培育核心素养的教育目标。

2. 项目化学习与传统课题化学习的区别

表 3-3-1　项目化学习与传统课题化学习的区别

传统式教学	项目制教学
老师主导	学生主导
单一学科为主	跨学科
课堂内学习	课堂外学习，公众性
老师发布学习任务	学生有选择权、话语权
个人学习为主，老师给问题，告诉学生要学什么	团队学习，学生提出问题或解决问题
考核方式为考试	考核方式为成果展示

1　夏雪梅，崔春华，吴宇玉. 预见"新学习"：上海市义务教育项目化学习三年行动计划优秀案例集. 第一辑 [M]. 上海：华东师范大学出版社，2020.

如表 3-3-1 所示，项目式学习是一种以学生为中心的教学模式，主体是学生，探究过程是学生主导的，立足于项目学习的课程是由重要的课程框架问题驱动的，课程框架问题能够将内容标准和高级思维与真实世界的情境密切地联系起来。简单来说，项目为学生提供了一个可靠的、真实世界的情境，目的在于促使学习和活动紧密关联，围绕大概念整合高级思维，并促使学生积极参与学习过程。所以，项目学习和传统学习存在很大差异。

3. 项目化学习的特征

①在学习过程中，以学生为中心。教师善于发掘学生对学习的内在渴求，承认他们有能力做好重要的事，理解他们希望被认可的需要。学习过程要以学生为中心，课堂是学习活动的主阵地。

②项目活动本身就是教学的中心。在学生参与的某学科核心概念与原理的学习中，项目活动不是常规课程的附属品，其本身就是教学的中心。应当把项目式学习贯穿在教学活动的全程，而不是只作为一项作业或者完成课堂学习后增加的一个小环节。

③以驱动问题激发兴趣。经过高度精炼的驱动问题能够激发学生兴趣，引导学生对真实且重要的专题进行深入探究。驱动问题的设计非常重要，要让学生愿意去挑战和解决。

④关注核心素养培育和高阶思维的生成。高阶思维是发生在较高认知水平层次上的心智活动或较高层次的认知能力，主要表现为解决问题的能力、决策能力、批判性思维、创造性思维等，布鲁姆最早提出了高阶思维的概念并对教育目标进行分类（见图 3-3-1）。培养学生的高阶思维已经成为当前很多国家基础教育改革和发展的重要任务。

项目化学习是一种提升学生高阶思维的有效方式。在项目化学习中，面对真实、有挑战性的问题，学生需要分析问题，构思解决问题的方案，并在不断探究和验证中来解决问题。这些都非常考验学生的问题解决、决策、批判等能力。

Create 创造
Evaluate 评价
Analyze 分析
Apply 应用
Understand 理解
Remember 记忆

图 3-3-1　布鲁姆教育目标分类

4. 项目化学习的黄金法则

真正完成一个高质量的项目绝非易事，这就需要我们思考什么样的项目才算是成功的。我们要设计项目式学习课程，需要符合什么标准呢？一般来说，项目化学习有 8 大黄金法则：

①**驱动问题**　富有挑战性的问题，即有意义的、开放的、联系学生生活的驱动问题。

②**学习目标**　要围绕核心知识、理解来设置，还要考虑学生的必备技能及核心素养培育。

③**真实任务**　任务要具有真实性，基于真实的生活环境或应用于生活中的步骤，要达到3个真实：探究内容真实、学习过程真实、项目结果真实。

④**持续探究**　在学习过程中不断提问，寻找资源和应用信息，不断质疑，直到找到自己的答案。

⑤**学习者主导**　聆听学生的声音和选择，尊重学生的发言权和选择权，学习方式和创作内容学生做主，突出学生主人翁意识。

⑥**成果展示**　成果公开展示，要求学生运用所学知识创造自己的成果，并向其他人展示自己的作品。

⑦**复盘反思**　回顾学习过程，探究项目活动的有效性，出现的障碍和克服的策略方法；反思学习全过程、内容、形式、原因；反思形式可以是随时讨论和对话、项目日志、形成性评价、项目关键点审查、向公众展示成果等；反思知识和技能，引导学生思考。

⑧**有效反馈**　需要有评价和修正，即学生自己反思学习成果后能够获得反馈，从而使项目流程和成果得到改善。还要教会学生如何给予和接受建设性的评价，并且为学生提供评价量表。

当我们心中有一个项目创意时，就可以对照黄金准则中的基本要素（见图3-3-2），去完善我们的构思，无论项目如何开展，都必须符合这些黄金准则，才称得上是高质量的项目式学习。

图3-3-2　项目化设计黄金法则

思考与练习

思考题

你觉得下面各项属于哪个阶段的认知？

• 记住一首诗。

• 明白这首诗讲的是什么，如"大漠孤烟直"讲的是大漠上的龙卷风，"二月春风似剪刀"讲的是柳叶。

• 在某些合适的场合，想到并用合适的诗句表达自己。

• 想一想，诗人为什么这么写？诗人用了什么方法？诗人这句诗背后的含义是什么？他的诗里提到了哪些人哪些事？诗人当时处在什么样的环境中？诗人写这首诗是什么心境？

• 这首诗写得好不好？好在哪儿？不好在哪儿？这首诗和其他诗比起来，哪首更好？

• 这首诗的特点是什么？如何看待诗里的态度和观点？

• 知道写诗的方法和特点，可以自己写诗，通过创作表达自己。

任务四　认识课程方案设计

学习目标

- 理解课程设计的概念；
- 熟悉课程设计流程；
- 掌握课程方案的设计要素。

学习任务导图

```
                                              ┌─ 研学课程设计含义
                          研学课程设计概念 ─────┤
                        ┌                     └─ 研学课程设计原则
认识课程方案设计 ────────┼─ 研学课程设计流程
                        └─ 研学课程方案设计
```

任务内容

　　研学旅行是以旅行的形式承载立德树人根本任务的课程，而课程设计将对课程实施起到至关重要的作用。本任务从理论知识角度解释课程设计的概念与操作流程，并结合实际案例来阐述如何进行课程方案的设计。

1. 研学课程设计概念[1]

（1）研学课程设计含义

研学课程设计是一个根据研学旅行服务的对象和课程目标，确定合适的课程起点和终点，有序安排并优化研学旅行课程诸要素，形成具有可操作性的课程方案的过程。在这个过程中教育者以研学课程理论为基础，遵循研学旅行规律的要求和目的地资源的特点，借助一定的教学方式和方法，结合学生实际情况确定研学课程目标，根据这一目标准备研学内容，并对研学内容进行计划、组织、实施、评价、修订，以最终完成研学课程目标。研学课程设计是研学活动有序开展、实现教育价值的前提和基础。

（2）研学课程设计原则

研学课程设计的原则指对研学课程所包含的事实、原理、情感、经验以及学习环境中非预期性的知识、态度、价值观等方面进行设计时所坚持的准则。一般包括整体化原则、教育性原则、个性化原则、安全性原则、融合性原则、体验性原则和生活性原则。

①**整体化原则**　研学课程设计是一项系统工程，在研学课程设计中，须遵循"整体论"的方法论，以整体的思路，对所有课程的设计、实施、评价及其相关因素与条件进行整体构建，在时间、内容、总体目标、形式方法上进行全面的规划，注重各种活动形式的有机结合，综合运用各种教学方法和手段。整体的目标应当阶段化，使目标更加明确并具有可操作性，以提升课程的整体价值，促进学校与学生的最佳发展。

②**教育性原则**　研学课程设计必须把教育性原则放在首位，充分考虑课程目标、课程资源、课程活动环节选择的教育性，课程内容安排要遵循教育规律，实现"学有所研，研有所获"。

③**个性化原则**　研学课程设计要充分考虑参与学生的知识基础、兴趣爱好等实际情况，为不同类型的学生设计不同的学习方法，充分尊重学生的主体地位。

④**安全性原则**　研学课程的安全性是研学课程开展的重要考虑因素。研学课程作为校外活动，范围广、开放性强，加上中小学生安全意识薄弱，集体出行管理难度大，诸多不可控因素让研学课程开展难免存在安全隐患，容易发生走散、摔伤、拥挤、踩踏等安全事故。因此，研学课程设计必须充分考虑安全因素，选择安全的目的地，设计安全性高的研学活动课程，制定切实可行的安全措施及必要的应急预案，确保研学旅行全过程每个环节的安全性。

⑤**融合性原则**　研学课程内容本身超越了学科边界，融合多种学科于一体，其综合性决定了课程目标制订、资源开发与选择、研学内容和活动环节设置需注重融合性。要针对不同学段目标，有针对性地开发自然类、历史类、地理类、科技类、人文类、体验类等多种类型的研学课程体系。在进行研学课程设计时，需要充分调动学校周边资源进行有效整合，不仅要注重校内和校外资源的整合、多学科和跨学科的融合、学科课程和实践活动的结合，还要注重课程内容选择的多样性和丰富性，以充分发挥研学课程综合实践的功能。

1　邓德智，景朝霞，刘乃忠主编. 研学旅行课程设计与实施 [M]. 北京：高等教育出版社，2021-09.

⑥**体验性原则** 研学课程改变了传统课程教学模式，以学生活动、动手操作、共同讨论、合作探究为主要形式。首先是空间上的体验性。研学课程通过自然环境、社会生活、工业生产等元素营造空间情景，因地制宜，让学生在实际情境中感受、认知和探究，从而亲近自然、了解社会、认知自我。其次是内容上的体验性。研学课程根据不同学段的研学课程目标，有针对性地设计自然、历史、科技、人文等各类体验活动，让学生身体力行参与实践，在实践中去感受、感悟和探究。

⑦**生活性原则** 研学课程是课堂教学和生活教育相衔接的综合性课程，在进行中小学研学课程设计之前，要结合中小学生的身心特征、兴趣爱好和课堂知识基础等，根据中小学不同学段的教育目标，系统设计研学课程目标。引导学生通过观察走向生活、感受生活，激发学生对生活的兴趣，在生活中开阔眼界，增长生活知识，丰富生活经验。通过思考和探究，将研学体验融合到各门课程的知识中去，加强相关科目之间的联系和渗透，促进书本知识和生活经验的深度融合。

2. 研学课程设计流程

研学课程设计是将课程理念转化为具体、可操作性的课程实践活动的关键环节，包括学习内容、教学形式、组织实施和成果评价指标的设计等，总体概括可分为五个阶段。

①**考察踩点** 研学旅行基（营）地的资源调研是课程开发的起点，对研学目的地的场地分布、资源属性、硬件设施等情况进行详细了解，与基（营）地方沟通并收集相关资料。

②**主题定位** 基（营）地考察调研结束后进行复盘总结，分析基（营）地核心资源定位，依托基（营）地资源特色，对标政策文件要求，以学生的学段特征结合社会生活问题，确定研究主题方向。

③**课程构思** 在调研需求、查阅相关资料并进行头脑风暴讨论的基础上，贯彻以学生为中心的教学理念，根据学生培养目标及融合学科知识，进行课程构思。通过情景创设和任务驱动的设计，引起学生主动探究的兴趣。通过课程的活动匹配与脚手架的设计，助力学生在研学课程的实施过程中突破盲点，加快思考的深度与广度，高效地完成研学任务。课程的构思是整体性的，所以还包括研学行前的预习准备，行中的引导、调研、思考、设计、展示、反思，以及行后的测评和总结的设计，如图 3-4-1 所示。

图 3-4-1 研学课程设计构思内容

④**手册开发** 根据课程的构思内容开发系列配套手册，将课程内容在手册上进行呈现，用以辅助研学课程的落地实施。

⑤**实地磨课** 课程设计结束后，实操模拟课程的落地执行，如有出现执行隐患，则须根据实际情况进行课程调整，后期将基于市场反馈进行课程内容的迭代升级。

3. 研学课程方案设计

研学课程内容指以研学课程目标为依据，遵循不同年段青少年学生的身心发展规律，对学生所要学习的内容选编而成的研学课程体系。课程方案的设计主要体现在对选定的内容做进一步的细化和呈现，包含了课程的政策指导、设计理念、主题思路、功能分区和课程描述及配套物料等，进一步的工作延伸，还应包括研学行程的安排、课程成本的核算等。

🤔 思考与练习

思考题

1. 研学课程设计流程分为哪几个阶段？

2. 研学课程的配套物料有哪些？

3. 请举例并说明：研学课程方案的要素还可以增加什么内容？

任务五　课程驱动设计与情境创设

学习目标

● 了解什么是课程驱动设计和情境创设；尝试结合实际案例进行驱动设计和情境创设。

学习任务导图

```
                                                    认识驱动设计

                                                    任务驱动设计要点

         课程驱动设计与情境创设                      驱动设计的原则

                                                    认识情境创设

                                                    情境创设应遵循的原则
```

任务内容

　　项目化学习注重发展学生在真实情境或模拟情境中的问题的解决能力，义务教育课程方案和课程标准（2022 年版）也强调："注重'做中学'，引导学生参与探究活动，经历发现问题、解决问题、建构知识、运用知识的过程。加强知识学习与学生经验、现实生活、社会实践之间的联系，注重真实情境的创设，增强学生认识真实世界、解决真实问题的能力。"可见情境创设的重要性。如果需要解决问题，就必须有一个驱动设计的过程，让学生具有驱动力地去完成任务或解决问题。

1. 认识驱动设计

驱动设计是指通过设置相应的学习任务或问题，以任务或问题为主线驱动教学活动的过程。以一定的情境为背景，在任务的指引和问题的驱动下，学生可以展开自主、合作、探究学习，从而掌握教学内容。

不管是问题驱动还是任务驱动，都具有真实性、整体性、开放性等特点：

①真实性要求问题或任务是具有实际意义的，不是虚构的、生造的、毫无意义的，要涵盖学习的知识和技能。

②整体性要求问题或任务是能够驱动整个研学实践探究活动开展的，应将所有的内容设计为一个具体任务或解决方案，贯穿于整个研学实践过程。

③所设计的任务和问题同时是开放性的，是没有标准答案的，给学生留下极大的思维空间，同时也给学生提供创新的机会，让学生可以充分发挥其创造力和想象力，另外，完成任务的途径是多种多样的，它可以促进思维的发散，在思考问题时，学生可以多角度、多方式地去思索，有利于创造思维品质的形成。

2. 任务驱动设计要点

首先要确定核心任务。核心任务是指沿着项目主线、为解决驱动性问题而进行的活动，这类任务围绕驱动性问题而展开，将驱动性问题分解成多个有学习逻辑关系或者知识链关系的学习活动，每个学习活动皆具有目标性、限制性，最终为解决驱动性问题服务。

除了遵循项目化学习黄金法则，还需要考虑5个要点：开放性的成果、与学科结合、符合学生的发展水平、真实性解决现实问题、可持续探究。

可以设计以下任务类型：

①**探究型任务** 在探究型任务中，学生运用已有知识和技能来研究学习或现实生活中的问题，通过资源搜索、整理分析、实地观察、反复测试等方式得到解决问题的方法。

②**设计型任务** 学生在经历探究任务的过程并发现规律以后，基于解决问题的目标，考虑各类因素，运用所需的知识，设计该问题的解决方案，包括产品名称、设计图、功能解释等。

③**制作型任务** 制作型任务是基于产品而合理使用各类工具、材料，制作符合设计图纸和评价标准的产品模型或真实产品的任务类型。

④**展示型任务** 通过运用语言文字交流、汇报、表演等形式进行展示。该类型任务旨在培养学生的情感态度与价值观，丰富学生的活动经历、现场体验等。在项目化学习活动中，展示型任务几乎贯穿整个活动过程。展示型任务的目标指向观点、知识、作品的呈现和阐述，是项目化学习活动中对外输出的重要一环。

如图 3-5-1 所示，可以利用驱动设计万能牌来辅助任务驱动设计。

1	2	3	4	
[万能牌]	[万能牌]	[万能牌]	[万能牌]	
我 / 我们	怎样才能	建造 / 创造 / 制造	真实的问题	
我们作为 [角色][职业]	如何	设计 / 计划	为大众	
[城镇][城市][县城]	是否应该	解决	为学校	
[国家][省市]	是否可以	写	为班级	
[社区][组织]	有什么可以	规划 / 决定	为线上观众	

图 3-5-1 驱动设计万能牌

3. 驱动设计的原则

①**任务和问题要与现实生活相适应** 学习要在一定的社会背景之下进行，必须有利于学生对所学内容的意义建构，结合学生日常熟悉的生活情境，加强学习内容与生活的联系，调动学生主体性的积极发挥。

②**任务和问题要与学生已有知识经验相联系** 要考虑与学生原有知识的联系，结合学生已有的知识基础，通过已有概念来理解新概念并不断进行新的意义建构，使知识的学习过程呈现阶梯式的上升。

③**任务和问题要与教学目标相联系** 设计过程可以理解为：教学目标—设计任务—创设任务情境—引导学生进入任务情境。

基于教学目标和内容，结合学生熟悉的生活情境进行驱动设计，示例如下：

> **营养均衡**
>
> 作为传统佳节的春节是中国人团圆相聚的日子，年夜饭是庆祝春节的重要项目。今年由你来拟定你家的年夜饭菜单，但是你家情况有点不一样：你的爷爷有糖尿病；你的奶奶最近有点感冒，医生让她少吃荤腥；你的爸爸最近在健身教练的建议下开始少吃碳水化合物；你的妈妈是一个素食主义者，你的弟弟有乳糖不耐。你会如何设计这个年夜饭的菜谱，让所有人都满意呢？要求：既要保证一定的营养水平，又要让大家体会到浓浓的过年气氛，同时还要考虑到家人不同的健康要求。

案例分析

案例1

开办文创店的项目中，在解决问题"文创店可以出售哪些文创产品"时，学生可能会提出"我喜欢的文创产品是书包，可不可以卖书包""是不是要卖大家喜欢的文创产品""文创产品从哪里来""文创产品如何更加吸引人"等问题，从而可以推断出逐步解决"受学生欢迎的文创产品有哪些""文创产品从哪里来""这些文创产品如何进行售卖"等子问题可能更有价值，这也是我们可以优先设计或引导学生发现的问题。

案例2

本质问题：面向信息社会，如何辩证分析手机使用的利弊，提升手机使用的自我管控能力和时间管理能力？

1. 信息社会，手机使用何以影响人们的生活和学习？

2. 信息社会，学生使用手机有哪些利弊？

3. 在学生使用手机过程中，有哪些自我调控和时间管理的合理建议？

驱动性问题：随着信息社会的发展，手机等电子设备对学生的影响力越来越不可小觑。近期，我国教育部文件明确指出，学校要通过多种形式加强教育引导，让学生科学、理性地对待并合理使用手机，提高学生信息素养和自我管理能力。学生应怎样通过数据，正确辨别手机信息的有效性，合理管理使用手机的时间？

4. 认识情境创设

情境创设是指创设有利于学生对所学内容的主题进行理解的情境，是教学设计中非常重要的环节，教师在教学过程中运用各种方法手段创设的一种适教和适学的情感氛围，从而激发学生的学习动机，唤起学生的求知欲，激励学生去探索学习。

情境创设可以设置在一节课的开始，用于导入新课；也可以设置在一节课的中间，用于一个问题到另一个问题的引入；还可以设置在课程的结束。形式也可以有多种多样。

情境创设有什么意义呢？情境创设能够让学生在学习中感受乐趣，学生在课堂中感受到学习的乐趣后才能主动地吸收并建构知识；让学生真正成为学习的主体，教师只是课堂教学的引导者、协助者，而不是主导者；让学生积极探索，在情境创设的基础上，在教师的引导下积极探究教学内容，培养探究能力；最终培养学生的创新精神，提高解决问题的能力和实践能力，以达到培训核心素养的目标。

5. 情境创设应遵循的原则

①**目的性**　要围绕本次研学旅行的学习目标、教学重点、难点进行设计。

②**逻辑性**　创设的情境要符合逻辑，上下贯通，不可虚假造作，须紧密结合该次研学旅行的项目和驱动设计内容设计。

③**合理性**　要针对学生已有的经验和教学内容进行设计，符合学生发展水平。

④**趣味性**　创设的情境要能吸引学生的注意力，激发学生的求知欲，激发学生主动性和内驱力。

⑤**探索性**　要使学生迅速地进入积极的思维状态，主动地探索新知。

⑥**简洁性**　情境创设不可转弯抹角，花费过多的时间或大费周章地描述。

⑦**多样性**　根据不同的教学内容及教学对象，教师在创设情境时采用的方法多样，可以用图片、实验、故事和视频等；根据情境创设的形式，教学情境可分为问题情境、想象情境、推理情境；根据情境创设的手段，可将教学情境分为实体情境、模拟情境、语言情境等。

⑧**具象化**　情境创设描述要清晰、明了，不可模棱两可。要求须明确，对学习任务成果或解决问题的方案有可衡量标准和具象化呈现。

⑨**有成果**　在情境创设中明确该次研学旅行成果要求，通过情境创设，引导学生主动提出问题、解决问题，并且完成学习任务，输出对应的成果。

研学基地小学高年级研学课程情境创设和驱动设计示例如下：

情景创设
葡萄树共享农场要接待一批来自南方的小学生，为了让这些小客人们能更好地了解当地的农作物，农场计划制作一批标识牌，想邀请你们作为小小设计师参与进来。现在请你们前往农场，近距离接触当地常见的农作物，探索这些植物身上的特性，并用通俗易懂的图文方式为农场制作农作物标识牌。
驱动任务
为葡萄树共享农场中的农作物设计制作标识牌。

案例分析

荒岛求生历险记

生命安全创新设计营

☆情境创设：小阳是一个冒险家，拥有遨游四海的梦想，一次在航海途中遇上了海上大风暴，经历暴风雨之后的他，随海水漂到了一个荒无人烟的岛屿，开启了他的荒岛冒险之旅。岛上没有淡水，没有火，没有食物，还有很多野兽，小阳在岛上的生活困难重重，随时可能会有生命危险。你的团队作为智囊团，要将生存锦囊和科技补给箱通过传送机传送给小阳，帮助他获得荒岛生存技能。传送机为单向传送且只能使用一次。你会传送哪些妙计给小阳呢？

☆任务驱动：请你为小阳设计生存锦囊并合理安排科技补给箱，帮助他完成荒岛冒险之旅。

☆分析：

1.根据驱动设计万能牌思路，创设逻辑合理的情境：

小阳是一个冒险家，拥有遨游四海的梦想，一次在航海途中，遇上了海上大风暴，经历暴风雨之后的他，随海水漂到了一个荒无人烟的岛屿，开启了他的荒岛冒险之旅。

2.情境中交代必要的信息条件（具象化）：

岛上没有淡水，没有火，没有食物，还有很多野兽，小阳在岛上的生活困难重重，随时可能会有生命危险。

3.根据课程内容引出项目任务（有成果），激发学生探索学习的兴趣：

你的团队作为智囊团，要将生存锦囊和科技补给箱通过传送机传送给小阳，帮助他获得荒岛生存技能。传送机为单向传送且只能使用一次，你会传送哪些妙计给小阳呢？

4.结合场地资源，进行持续探究，生成子问题：

小阳在岛上会遇到什么危险？如何解决和应对？如何生存下去？在研学现场可以学习获得哪些知识点，有助于完成任务？

☆总结：

驱动设计的最终目的，是将学习内容趣味情景化，激发学生的学习动机，唤起学生的求知探索欲，主动地吸收并建构知识。

（续上）

案例2　某基地小学低年级研学课程情境创设和驱动设计

☆情境创设：有一个美丽的蔬菜王国，里面居住着各种各样的蔬菜居民，他们非常注重饮食健康，每一年都会由国王选举出最佳蔬菜代言人成为全国居民的榜样，"向前葱"作为今年的负责人，需要寻找3名候选人给国王选择，他觉得很难完成这个任务，希望你们能够帮助他。

☆任务驱动：请你们前往蔬菜基地认识和了解蔬菜，用绘画和文字的形式给3位候选人制作名片，将他们推荐给"向前葱"。

案例3　某基地小学低年级研学课程情境创设和驱动设计

☆情境创设：

海花岛有着美丽的自然生态环境：美丽的大海、千姿百态的海洋动物、珍稀的特色植物等，一幅生机勃勃的景象。但是，有个邪恶的海盗团总是企图破坏海花岛"生态梦"和"海洋梦"的筑梦行动。

这天，以"黄毛"为首的海盗团来搞破坏了。一些珍奇植物被偷窃及破坏，海洋乐园也损失惨重，企鹅冰工厂里的冰淇淋都被搬空了！根据"黄毛"的习惯，他会将这次盗窃的东西在童世界环球集市进行拍卖。海花岛居民于是紧急报案。

这时你们接到了海花岛使者召集令，要帮助海花岛居民战胜邪恶的海盗团。你们的使者团队拥有三张魔法卡牌，可以用来对抗军团。你们需要前往植物园与海洋乐园，拜访各种动物与植物，选出合适的动植物，获得它们的同意和帮助，把它们画在魔法卡牌上，将其化身为强大的军团来对抗"黄毛"。

☆任务驱动：请你们前往海花岛，完成魔法卡牌的设计，制定计划来战胜"黄毛"，守护海花岛的"生态梦"和"海洋梦"，获得海花岛"守卫使者"勋章。

案例4　某基地初中研学课程情境创设和驱动设计

☆情境创设：有一位老爷爷出生在秦壁村，是一名地地道道的农民。后来，因为孩子在外地工作，爷爷也跟随孩子在外生活了几十年，随着年纪越来越大，他也越来越想回去看看家乡的农业发展情况，但无奈行动不便，无法回到家乡。现在想请同学们为他拍摄一段短视频，展现秦壁村的农业发展变化。

☆任务驱动：请你为爷爷拍摄一段关于秦壁村农业发展变化的短视频，对视频进行简单剪辑、配音等处理。把视频发给爷爷观看，从而缓解爷爷的思乡之情。

思考与练习

思考题

你认为什么样的驱动设计最能吸引学生?

实操题

你们学校积极响应政策号召，助力我国青少年的素质教育发展，校方联合你们专业的学生，准备将校园建设成为研学实践教育基地，并开发一系列研学实践课程，此时需要大家助力开发一套能够接待 600 人的不同学段的课程方案。请各小组结合前期考察调研成果，选择一个学段，进行驱动设计和情境创设，并分享汇报。

任务六　课程活动设计

学习目标

- 了解课程活动设计的含义、关键，以及灵活设计课程活动的好处；
- 掌握课程活动设计的原则；
- 通过本任务的学习，能够简单设计出不同类别且符合不同学段学生特点的课程活动。

学习任务导图

```
                        ┌─ 课程活动设计的关键
                        │
                        ├─ 课程活动的好处
                        │
   课程活动设计 ─────────┼─ 课程活动设计的原则
                        │
                        ├─ 课程活动设计的形式
                        │
                        └─ 课程活动设计的运用 ──┬─ 陈述性知识课程活动设计
                                               │
                                               └─ 流程性知识课程活动设计
```

任务内容

1. 课程活动设计的关键

课程活动的设计是以课程目标为依据，遵循青少年学生的身心状况及发展规律，根据想要传递的课程内容，设计不同类型的活动方式和学习过程，旨在让学生有效地参与进来，成为学习的中心，增加课程趣味性，使学生在参与活动的过程中，既能掌握知识，又增强运用知识分析问题、解决问题的能力。课程活动设计的关键需做到以下几方面。

（1）与课程目标相对应

课程目标是课程活动的有效保障，课程活动的设计应与课程目标的要求相对应，确保二者的匹配性和一致性。因此，在确定好课程目标后，课程活动的设计就必须以课程目标为依据，即有什么课程目标，便有什么课程活动，课程目标与课程活动应趋于一致，这样整个课程才会趋于完整。如果课程目标是培养学生解决问题的能力，那么课程活动的设计就应给予学生发现问题并解决问题的机会。

（2）以学生为中心

研学旅行课程的设置要以学生的身心发展特点和需求为依据，着力于促进学生的全面发展，充分发挥研学旅行的特质和优势，以多种方式实现"既游又学"的目标。

课程活动设计要契合学生的需要，要能够激发学生的学习兴趣，从而使学生在学习过程中获得知识、能力、情感、心理等多方面的满足。

课程活动设计要与学生的能力基础相匹配。研学旅行课程活动应具有学段性特征，同一研学旅行课程资源，在不同学段课程中的呈现应有所区别。课程活动的深度、广度及表现形式都要与学生的学段特点相适应，并且要根据学生的反馈不断更新迭代。

（3）充分调动学生参与

研学旅行的课程活动就是调动学生参与进来的教学事件。研学中的课程活动既包含学生身体行为上的参与，也包含心理过程的参与，只要这种参与是跟课程目标紧密关联的。从这个角度而言，提问与回答、小组讨论、角色扮演、案例分析都是课程活动。

（4）与课程时间相一致

课程活动的设计，要与课程时间安排相一致。要善用课程时间，明确各部分课程内容的重要程度，在时间总量固定的情况下，给予最重要、次重要、一般重要的内容合理的时间分配，同时要考虑各部分课程活动所需的教学活动时间，做到安排得当。比如，对基本概念或事实的介绍一般采用讲授法，一些探究类内容需要示范和小组研讨，故而需要预留较多的时间。

2. 课程活动的好处

对于学生：

①**学得有趣**　如果一堂课灵活运用了丰富的课程活动，就会让学生真正参与进来。把学习的主动权交还给学生，学生会在参与活动的过程中投注自己的思考、情感、感官和身体，这样才能完成对学生有意义的学习建构。

②**记得更牢**　学生获得了更大的自主权，会从被动听讲变成主动投入，注意力和学习点记忆、保留效果都获得提升，研学旅行对他们来说就不仅仅是停留在"只游不学"的层面。

对于研学旅游指导师：

①**降低焦虑感**　研学旅游指导师的一个痛苦来源是备课，备课之所以痛苦是因为研学旅

游指导师除了必须熟悉课程要点和内容外，还要根据学生特点不断地添加案例、图片、视频等各式素材，进而创新以吸引学生注意。研学旅游指导师绞尽脑汁搜罗来的案例、段子，学生还不一定"买账"，有些内容甚至是学生早就知道的。而如果利用课程活动来传递知识点，把"棒"交还给学生，让他们参与其中，那么这样不但会降低学生对内容呈现形式的苛求，而且会协助学生进行知识的二次建构和创造,研学旅游指导师也会明显感觉到压力有所缓解。

②**提升参与度**　活动天然就是对学生的调动，而且这种参与是真正的参与，跟研学旅游指导师刻意而费力地要求学生举手回答问题有天壤之别。

③**增强表现力**　不同的研学旅游指导师有不同的性格，有的人热情似火，也有的人冷静理智，但借助课程活动，即使是内向沉静的指导师，也可以轻松地调动学生高质量地参与，指导师也能更加淡定和从容地把焦点放在如何引导学生学到更多知识、是否能进行知识的迁移上。

3. 课程活动设计的原则

①**全体参与**　有效的课程活动应该调动更大范围学生的参与，而不是一部分人主导和代劳，另一部分人袖手旁观。在课程活动中需要给不同的人安排不同的角色，避免出现有人参与、有人没有融入课堂中的情况。

②**相互学习**　每个学生知识储备、领悟能力、性格特征都存在一定的差异，以至于在课堂中经常出现只有几名固定的学生互动的情形。研学旅游指导师需要创造机会让他们互教互学，让他们互相纠正，互相分享。这样不仅有利于学生从身边的伙伴身上学习，而且还可以减缓指导师作为唯一知识输出源的压力。

③**关联内容**　课程活动应与课程主题相关，直接把知识点贯穿在其中。如果定位是体验，就要设计有效的引导和反思环节，促进学生将感悟跟知识点关联。

④**身心参与**　学习是全感官的参与，而不只是头脑的事情。身体的投入和参与往往会被忽视。如果是在基地课堂上，可以时不时地安排一些活动，让学生起身站立或走动完成，这些都能够激发他们身体、头脑与心灵的协调和参与。

4. 课程活动设计的形式

活动是研学旅行课程中最基本的实施方式，学生在实际场景中考察探究、设计制作，通过体验式学习、参与式学习亲身实践、亲身体验，从而进行自主性学习；在一系列的活动中去发现和解决现实生活中的问题，体验和感受生活，培养创新精神和实践能力。课程活动的呈现方式一般有游戏、小组讨论、角色扮演、案例分析、脚手架、设计制作、绘画创作等，这一系列的活动设计形式多样，可长可短，如同孙悟空手里的金箍棒，变化无穷。

5. 课程活动设计的运用

在课程活动设计中，课程的开场活动非常重要，它们虽然不传递特定的知识点，但是在营造学习氛围、激发学习动机方面非常有用处，在课程中添加一些类似的活动，可以让教学体验变得有趣，让学生记忆深刻。

一个好的开场活动需要注意什么呢？

①开场活动要能够吸引学生的注意力。部分研学旅游指导师会不自觉地沿用学校老师的传统授课方式，强调上课的注意事项，其目的是在授课之前在学生心目中树立权威，得到学生认可，但这容易让学生开始走神。

②条件允许的话，开场时可以让学生到处走动。起立走动可以促进学生全身的血液循环，让人更加精力充沛，注意力更加集中。可以多制造机会让学生起立走动。

③开场时可以说一些与课程内容无关的故事。如果我们请学生分享一些与课程内容无关的个人信息，要说明分享这些信息能够让大家彼此重新认识，更加熟悉，互相更加信赖，这有助于后面的学习。

④与常用的开场活动比起来，新奇的开场方式更好。好奇心是人们最大的学习动机，反之，一开始就是让人熟悉的环节，会让很多学生觉得无趣与疲惫。

案例分析

案例1

下面是一连串的数字，请花15秒钟的时间仔细地观察，然后回答下面的四个问题。

15，3，8，14，3，6，10，3，3，2，7，9

1. 第三个数字是什么？
2. 最后一个数字是什么？
3. 第五个数字是什么？
4. 哪个数字重复了四次？

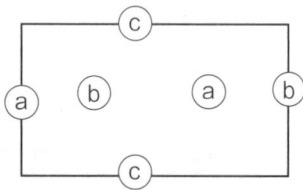

图 3-6-1　连线活动示意图

案例2

☆活动规则：

1. 如图3-6-1所示，把a—a、b—b、c—c用线连接起来。
2. 线可以是直的，也可以是弯的。
3. 字母之间的线条不能交叉，也不能用虚线。

☆活动原理：

可以活跃课堂气氛，吸引学生的注意力，打破学生固有的思维模式，以"空杯"的心态进入本次的研学活动中。

（续上）

案例 3

　　某基地即将开展中医药主题的研学实践活动，请你试着设计一个能够促使所有学生参与和互相交流，从而增进对彼此的了解，并且能够和课程主题相衔接的开场活动。

　　☆活动规则：

　　1. 请每个小组领取一张 A3 大小的白纸，贴在小组附近的墙上，并为每个小组准备一盒彩笔以及各种颜色的便利贴。

　　2. 请每个小组按照老师的要求，设计自己小组的学习海报。学习海报须包含以下内容（见图 3-6-2）：

　　①在最上方留出一些位置，用于填写小组的名称、logo、口号等。

图 3-6-2 学习海报示意图

　　②在中间留出一片明显的空白区域，作为小组的学习园地。

　　③围绕学习园地的四周，每个学生画上自己的手掌印，分得一片自己的"地盘"，需要在上面写上以下内容（见图 3-6-3）：

　　●我的特长。

　　●此次活动中我希望用什么方式和他人互动？

　　●最近让我开心的一件事。

　　●我的理想。

　　●签名。

　　3. 给每个小组 5 分钟时间，来完成以下几项任务：

　　①为自己的小组起一个名字并配上一句口号，设计一个 logo，需要和中医药研学主题有关联。

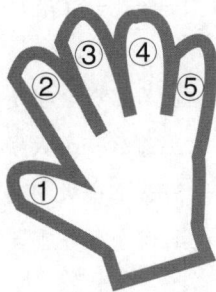

图 3-6-3 手掌印示意图

　　②小组成员互相交流自己的手掌印内容及个人信息，寻找组员间共有的一个特点，写在便利贴上，贴到学习园地里。这个共同点越有趣越好。

　　4. 老师请每个小组简要介绍自己小组的共同特点，介绍完可以宣告首轮活动结束。

　　5. 老师须说明："这张白纸是各个小组的学习海报，它会陪伴你们完成几天的学习。可以运用彩色笔等各种工具来装饰它。中间的学习园地用来记录小组共同的学习心得或者面临的问题，每个人的掌心区域可以用来记录自己学习收获等。"

（续上）

6. 随后的实践中，老师可以根据课程进展的需要，请学生使用便利贴记录自己的心得、收获、行动计划、问题等，分别粘贴在学习园地里。在课程结束的时候，可以请学生以小组为单位，去参观其他小组的园地，从中获取一些自己可以借鉴的内容。

☆活动原理：

学习海报中学习园地的设计可以让学生在分享个人信息、寻找共同点的时候笑声不断，互相熟悉，还能让学生认识到他们在为自己营造一个学习的空间，所做的活动可以更好地辅助他们后续的学习。

（1）陈述性知识课程活动设计

研学课程中的陈述性知识，指的是描述事物"是什么"的知识，通常理解难度比较小，但需要注意，一项项事实的描述，极易让学生觉得枯燥。

案例分析

中国营养协会提出"营养金字塔"，目的是指导广大居民合理饮食，以保持健康的体魄，减少患慢性病的危险。

由于认知不同，同样的活动针对小学一到三年级和四到六年级两个学生群体的设计形式也不同。如果我们只是简单地把相关内容讲给学生听，很多学生课后都记不得这些知识点。如果通过学生自己探索的方式来自己发现答案，效果就不一样了。

☆活动设计一（针对一到三年级学生）：

1. 指导师向大家介绍日常营养金字塔（见图 3-6-4）：油、盐、糖类；肉、鱼、蛋、奶、豆类等；蔬菜、水果类；五谷类。请学生翻开学生手册。

2. 请学生完成手册上的连线题。学生需要自己判断各类食物在金字塔上的位置，并且预估每种食物每天所需要摄取的克数。

3. 给每个小组 3 分钟的时间，同一组的学生可以相互讨论，交流答案，并说明自己的理由。

4. 指导师公布答案，并进一步阐述或解释。

（续上）

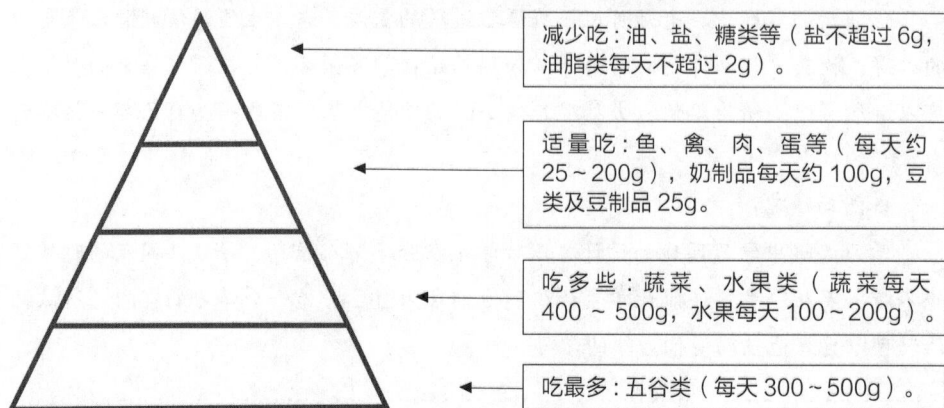

减少吃：油、盐、糖类等（盐不超过 6g，油脂类每天不超过 2g）。

适量吃：鱼、禽、肉、蛋等（每天约 25～200g），奶制品每天约 100g，豆类及豆制品 25g。

吃多些：蔬菜、水果类（蔬菜每天 400～500g，水果每天 100～200g）。

吃最多：五谷类（每天 300～500g）。

图 3-6-4 营养金字塔

☆活动原理：

绝大多数陈述性知识的教学目标都定位在让学生理解并且能够记住信息，而激活学生的已有知识，可以让新学习的知识更容易理解与记忆。先让学生思考与书写，其次让学生讨论，开口说话，最后让学生倾听，方式的变化能够确保学生注意力的集中。

☆活动设计二（针对四到六年级学生）：

1. 指导师宣布，接下来要向大家介绍日常营养搭配的营养金字塔，请学生翻开学生手册。

2. 请学生以小组为单位，每个人从 1～4 中抽取一个数字，对应营养金字塔上的一个部分。（见图 3-6-5）

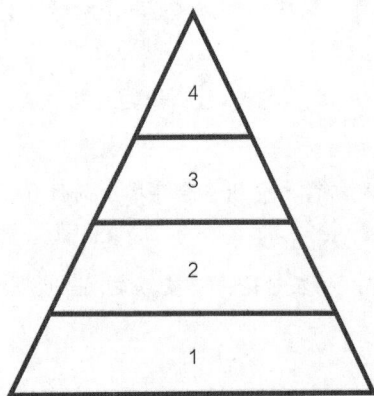

图 3-6-5 营养金字塔数字图

3. 指导师说明："接下来，我会分别介绍，营养金字塔中应该包含什么食物，每类食物的特点，以及每天的合理摄取量。每个人根据自己抽取的数字，在听的过程中，记录下对应食物的特点、对人体的好处与坏处等信息，最后以图形元素或者思维导图的方式呈现。"

4. 指导师在对知识点介绍的过程中，应放慢速度，让学生有充分的时间进行记录和整理。

5. 介绍完毕后，请抽到同一数字的学生形成一个新的小组，互相分享自己的记录，形成

（续上）

对这类食物的最全的记录，并写在白板纸上。

　　6.指导师把所有的白板纸集中张贴在一起，以备后续讲解其他内容的时候进行参考。

　　☆活动原理：

　　1.降低了参与的难度。为学生提供一个图形模板作为支架，学生开始记录的难度会降低很多。运用图形元素来呈现，可以活跃人的大脑，让学生更好地深入了解内容。

　　2.具有目标的元素。小组内学生进行分工，而不是所有人都记录一样的内容，降低了学生记录的负担，如果全部四类食物都要记录的话，恐怕学生会觉得非常忙碌，而且越到后来越容易产生疲乏厌倦的感觉；分工后，学生有自己明确的目标和任务，老师讲到自己负责的内容的时候，会有一种特别的任务感，会更加专注认真地完成任务。

（2）流程性知识课程活动设计

研学过程中的流程性知识描述的是一个任务操作步骤或者执行过程。在引导这类任务时，最好能够体现以下两点：

①体现流程的顺序性，让学生对顺序记忆深刻，能够在学习后的应用里一下子回想起正确的过程。

②提高知识传递的趣味性，让枯燥的过程变得生动、有趣、好玩，让学生能够真正地投入其中。

案例分析

　　假如要你来设计小学四到六年级学生关于"一双鞋子的诞生"的探究活动，你会如何设计呢？

　　我们可以采用流程卡的方式来解决这个问题。

　　☆活动设计：

　　1.在课程开始前，我们可以提前将鞋子的生产流程做成若干张卡片，每张卡片的正面写上各个步骤的名称，背面写上"我知道的""我收获的"。（见图3-6-6）

（续上）

正面

步骤名称：

反面

我知道的：

我收获的：

图 3-6-6 探究活动流程卡

2.每个小组分发一套卡片，请学生以小组为单位，在 5 分钟的时间里，思考鞋子生产的正确流程。

3.老师说出正确答案，并请每个小组成员从流程卡里随机抽取一张，作为自己主要负责的任务。

4.老师请每个学生在自己卡片背后"我知道的"部分，写上针对这个任务自己已经了解到的信息。在所有人写完后，老师可以请小组的成员按照流程顺序，简单地分享刚刚写下的"我知道的"内容。

5.接下来参观工厂，老师会介绍每个步骤的详细内容，请每位学生认真听讲，在讲解完毕后，每个人可以在"我收获的"上写下自己了解到的新内容。

6.学生完成"我收获的"内容后，可在课堂中寻找其他小组中相同任务的同学进行沟通，分享自己的收获。

☆活动原理：

1."我知道的"环节，可以很好地激发出学生对流程的已有认知，便于吸收后续老师对流程的介绍。

2."我收获的"环节，可以让学生通过聆听讲解，得到一些新的知识点，组员间进行沟通交流，可以再次梳理信息。

课程活动的设计形式多种多样，在我们看来，课程的活动不仅是为了活跃课堂气氛，还能让学生通过活动涌现自主学习的能力，真正做到玩中学，学中思，思中悟，悟中改！

思考与练习

实操题

1.请设计一个开场小游戏，要求能迅速吸引学生的注意力。

2.请各小组针对某一学段进行驱动设计和情境创设，并设计适合该学段的活动。

任务七　课程脚手架设计

学习目标

- 理解课程脚手架的概念及作用；
- 掌握脚手架工具的匹配应用。

学习任务导图

```
                                        结构化思维

                                        5W1H 分析法

                        课程脚手架的概念    SWOT 思考法

课程脚手架设计          课程脚手架的匹配应用   学习地图

                        脚手架的设计要求      研学手册

                                        KJ 法
```

任务内容

　　研学课程脚手架的匹配设计是课程开发过程中的关键环节，对研学课程的质量和实施效果起到重要的作用，脚手架的应用涉及研学活动流程中的多个场景，因此，脚手架的匹配设计是课程开发人员的学习重点之一。

1. 课程脚手架的概念

脚手架是一种用在建筑领域的辅助工具，或者说是为了保证各施工过程顺利进行而搭设的工作平台，主要解决复杂的高空作业难题。对应到研学实践的教学领域，脚手架也叫"学习支架""学习工具"，可以解释为：在研学过程中，学生无法独立完成一项复杂任务时，设计者给学生提供的支持系统，包括工具、策略、方法等，比如思维工具、学习地图、研学手册、PBL。针对课程任务设计的脚手架工具，能帮助学生在研学任务的执行中增加思考的深度与广度，突破盲点，从而高效地解决问题，达到更好的学习效果。

2. 课程脚手架的匹配应用

（1）结构化思维

结论先行，以上统下，归纳分组，逻辑递进。结构化思维图如图 3-7-1 所示。

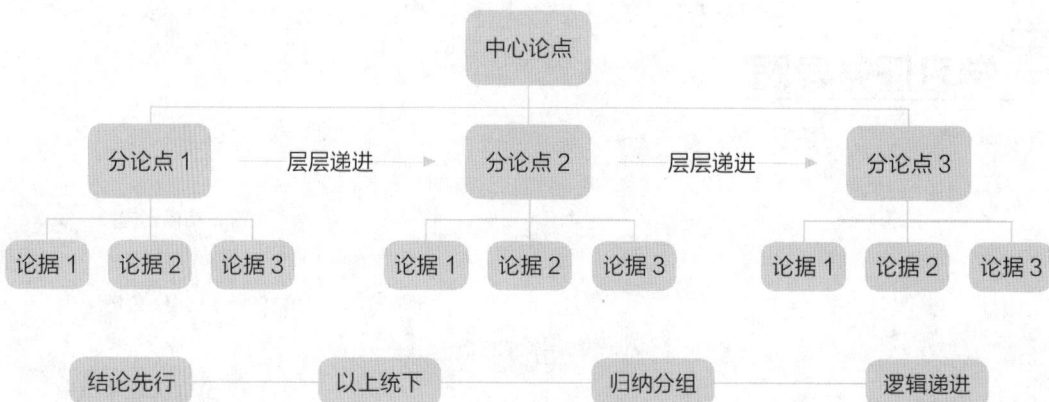

图 3-7-1 结构化思维图

我们思考问题的时候，脑子里的想法会不断地涌现出来，看似有很多，却杂乱无章，就像是衣橱里的一堆没有整理的衣服，彼此缠绕，互相堆砌在一起。所谓结构化思维，就是把衣橱里的这些衣服，分门别类地整理好。比如按季节分类，按穿着场合分类，按服装风格分类，等等。

举例：思考"如何将 200ml 的水装进 100ml 的杯子里？"

针对这个问题，可能大家会有许多奇思妙想，也不乏一些天马行空的想法，但会显得杂乱无章，这时提供一个结构化的思维，就能让我们的思路变得清晰。

如图 3-7-2 所示，可以从杯子、水、环境三个方面结构性地分析这个问题，

（续上）

再进行思维的发散，就会很容易找到多
种答案——如改变杯子的材质、改变水
的状态、更换环境，等等。

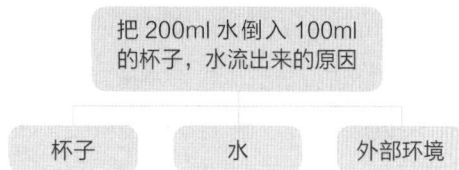

把 200ml 水倒入 100ml
的杯子，水流出来的原因

杯子　　　水　　　外部环境

图 3-7-2　水溢出原因结构图

举例：从结论出发，分析论证理由，再从每个论证的理由点找到支撑的事实。

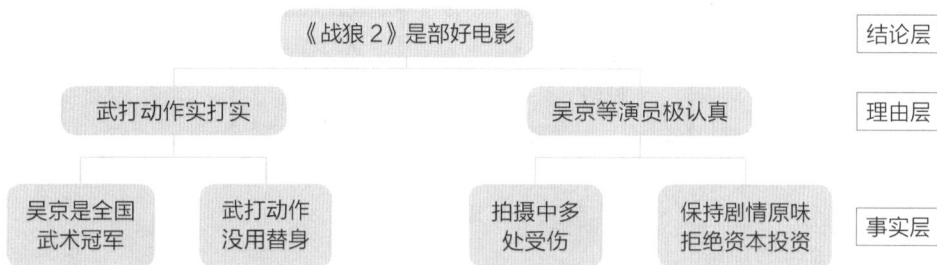

《战狼 2》是部好电影　　　　　　　结论层

武打动作实打实　　　　　　　吴京等演员极认真　　　　理由层

吴京是全国
武术冠军　　　武打动作
没用替身　　　拍摄中多
处受伤　　　保持剧情原味
拒绝资本投资　　　事实层

图 3-7-3　分析论证结构图

（2）5W1H 分析法

5W1H 指的是目标、原因、人员、地点、时间、方法（见图 3-7-4）。5W1H 分析法帮
助学生从多个视角去分析事情，适用于做某件事情或任务的前期思考。

举例：让你策划组织一场班级的活动晚会，你会从哪些方面去考虑？

这个时候运用 5W1H 分析法可以帮助学生理清思路，从目标、原因、人员、地点、
时间、方法等角度去分析和安排，高效地解决问题。

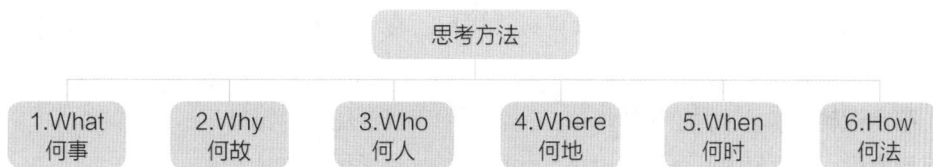

思考方法

1.What
何事　　　2.Why
何故　　　3.Who
何人　　　4.Where
何地　　　5.When
何时　　　6.How
何法

图 3-7-4　5W1H 分析法

（3）SWOT 思考法

分析自身情况，规避弱点和威胁，发挥优势和抓住机会以达成目标。

SWOT 思考法又称优劣分析法、道斯矩阵，它最为人熟知的应用还是企业战略的管理。但是 SWOT 分析也可以应用在事情利弊的分析上，通过评价自身的优势（Strengths）、劣势（Weaknesses）、外部竞争上的机会（Opportunities）和威胁（Threats），从而发现创新方向（见图 3-7-5）。

图 3-7-5 SWOT 思考法

（4）学习地图

学习地图用于小组的合作学习，小组成员按照学习地图上的引导开展探究，一步步分析和讨论，最终得出创意成果或想法。此外，学习地图还可以用来进行成果展示。

（5）研学手册

研学手册贯穿整个研学过程，用于辅助学生完成任务，包含知识点的拓展、任务环节的说明、知识的测评等，同时也作为学习地图的补充。

（6）KJ 法

主要作用是将各种破碎灵感、意见、数据等加以统合，适用于需要思考或有争议的场合。其他常见的脚手架工具还有思维导图、时间管理工具、新生入学指南等。

3. 脚手架的设计要求

课程脚手架设计的主要目的是助力学生思考分析，以更好地完成任务。所以脚手架的匹配设计都要基于研学任务和围绕研学目标来进行。在脚手架的设计过程中，需要考虑以下几点：

①**符合逻辑**　遵循学生的认知规律，适合应用于研学任务的探究。

②**具象化**　把抽象的概念提炼出来，化繁为简，让学生更容易理解。

③**引导性**　通过举例或提问等方式和途径，有目的地进行引导，让学生在脚手架的指导下发散思维。

　　脚手架工具在研学实践中的主要应用场景有：制定小组活动策略、引导性现场调研、小组进行问题分析、发散创意思维、对研学活动进行总结反思等。

思考与练习

思考题

请说说课程脚手架的设计要求是什么。

实操题

请尝试运用 SWOT 思考工具分析自身情况，做一个职业生涯规划表。

任务八　成果展示设计

学习目标

- 了解成果展示的意义；
- 掌握成果展示的分类；
- 能够针对研学课程设计出不同类别且符合不同学段学生特点的成果展示。

学习任务导图

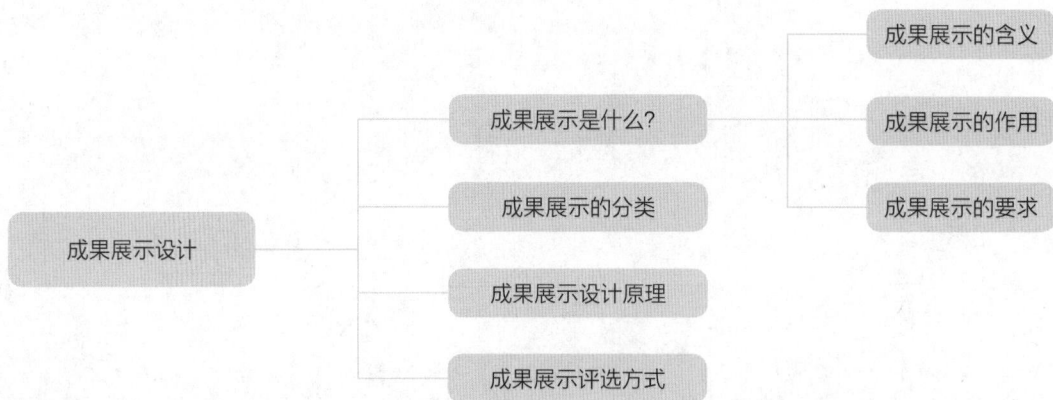

成果展示设计
- 成果展示是什么？
  - 成果展示的含义
  - 成果展示的作用
  - 成果展示的要求
- 成果展示的分类
- 成果展示设计原理
- 成果展示评选方式

任务内容

1. 成果展示是什么？

（1）成果展示的含义

　　我们根据课程设计了一系列的活动，研学旅行中，这些活动提高了学生们的学习兴趣，也加强了他们对于学到的知识的记忆。然而作为研学旅游指导师，我们需要了解学生到底掌握了多少知识，他们在哪些方面比较薄弱，我们需要从哪些方面帮助学生有所提高。除了学校的考试外，我们还可以通过展示学习成果的方式来了解他们的进步和不足。成果展示具体指学生围绕研学目标进行主题探究活动的过程和结果，如学生进行调查研究、走访、统计、收集与整理资料、动手制作、动脑创意等活动过程而形成的各种成果、作品，并通过多种形式在班级、年级或学校进行交流、展示和评价。

（2）成果展示的作用

①研学旅行成果展示活动能够再现研学旅行过程，提高学生自我表现的积极性和自我表达能力，树立学习自信心，激发进一步探究的愿望。

②研学旅行成果展示活动能够为学生提供一个相互交流、合作学习的好机会。学生将参与研学旅行活动的心得与体会以小组汇报的形式向全班甚至是全校学生展示，既有机会获取其他学生的建议，在汇报过程中也能深刻体会到小组成员合作的重要性。

③指导师通过研学旅行成果展示活动能够获取有益的教学反馈信息，了解研学旅行主题活动实施的效果、学生参与活动的状态与程度、学生各方面能力的发展以及以后开展研学旅行主题活动需要注意的问题，对课程目标的落实有着重要的导向作用。

④研学旅行成果展示活动能提高学生学习的兴趣，发掘他们潜在的智力因素和学习能力，弥补学校课堂教学的不足。

（3）成果展示的要求

①成果展示是全体学生共同参与的活动，不是少数优秀学生的表演，指导师应尽量给所有的学生提供充分表现的机会。

②成果展示不能流于形式，追求热闹，要体现应有的深度。要引导学生在展示的过程中，发现自我，欣赏他人，最大限度拓展学生学习的空间，培养学生良好的情感态度与新时代价值观。在对每一个学生所展示的成果进行评价时，要充分考虑到学生的个体差异。

③学生原有的学习基础不同，成果的水平也会有不同。指导老师应对学生付出的努力程度给予更多的关注，避免为学生的学习作品或成果分等划类。

④成果展示内容和形式可以由指导师和学生共同商议，确保展示活动能够有计划、有顺序地进行。

⑤成果展示引导学生对研学旅行成果进行总结和自我反思，为下一步开展研学旅行活动积累经验。

2. 成果展示的分类

研学旅行课程结束后，总结、交流、评价等活动可使研学成果更加丰富。根据成果展示呈现方式的不同，可以大致分为以下几个类别。

①**文本类成果** 文本类成果包括研究性学习报告、随笔、散文、游记、专栏、故事、书信等。可以是学习过程中产生的文字材料，也可以是学习结束后完成的反思性、总结性研究报告和

文章等。对高中生而言，以课题研究报告为主，研究报告的撰写必须具有规范性、科学性、创新性、逻辑性。初中生可以通过研究报告、活动总结进行成果展示，但要求相应降低。小学生以作文作为成果展示，可以鼓励撰写随笔、散文、游记等。

②**新媒体类成果** 多媒体类成果包括短视频、微电影、公众号、美篇、纪录片等。通常是学生在研学过程将看到的风景、人文信息等，以拍照、录视频的方式记录下来，并进行后期剪辑，通过多种形式进行传播交流展示。

③**制作类成果** 制作类成果指学生通过研究性学习而自行制作的实物，包括科技小制作、手工活动工艺品、绘画、模型、标本、雕塑、布艺等。

④**视图类成果** 视图类成果指结合文字、绘画、符号、语言等方式的创意设计，包括海报、图说、思维导图、地图、漫画、PPT 演示稿等。

成果展示的设计要考虑到不同学段学生的身心发展特点和能力，设计适合每个学段学生感兴趣的成果导向。这样不仅能让孩子获得积极意义的价值体验，还能增强其责任意识，使之深入思考并提出有价值的问题，学会用科学的方法开展研究，将一定的想法创意付诸实践，通过设计、制作等提高创意实现能力。

案例分析

随着国家对环境保护越来越重视，垃圾分类活动正在我国各个城市开展得如火如荼。为进一步提升广大学生对垃圾分类的认识，某市将开展"垃圾分类我先行"的系列主题课程。请你为不同学段的学生进行课程的成果展示设计。

垃圾是我们生活中无法避免产生的废弃物，针对一到三级的学生，我们可以从"家庭垃圾我分类"入手，针对家庭生活垃圾分类设计相应的成果展示。你认为有可以哪些成果展示形式呢？

- 家庭生活垃圾宣传画；
- 家庭生活垃圾调查表；
- 厨余垃圾桶创意设计；
- 家庭废弃物的创意改造；

……………

垃圾分类在我们的家庭实行，我们所在的社区也进行垃圾分类了吗？针对四到六年级的学生，我们可以从"社区垃圾我分类"入手，针对社区垃圾分类进行主题探索，你认为成果展示设计可以有哪些形式呢？

- 环保时装秀；

（续上）

● 社区垃圾现状调查表；

● 社区垃圾回收屋创意设计；

● 社区垃圾分类讲解员；

　　…………

　　我们在生活中不断普及正确的垃圾分类方式，把垃圾变废为宝正在逐渐成为一种生活方式，那垃圾变成资源都经历了哪些过程呢？针对初中学段，我们可以设计"垃圾回收再利用"主题，开展一系列的探究活动，你认为可以设计哪些形式的成果展示呢？

● 未来垃圾处理工厂我设计；

● 置物平台我宣传；

● 环保酵素制作探究；

● "垃圾的旅行"短视频；

　　…………

　　针对初中学生的成果展示的设计，需要让学生形成初步的职业意识和生涯规划意识，增强公共服务意识。针对高中学生的成果设计可以从人脸识别技术在垃圾分类应用上的探究、"互联网＋垃圾分类"模式初探、垃圾分类 APP 功能设计、智能化垃圾分类短视频等来考虑。

　　请扫描本书二维码，观看学生作品。

图 3-8-1　学生作品参考

3. 成果展示设计原理

成果展示的设计原理是以学生为中心，以成果为导向，通过不断地改进教学，优化教学成果，促使学生更深入地学习，实现更高标准的学习成果；同时应以学生为中心，面向成果导向，持续改进。（见图3-8-2）

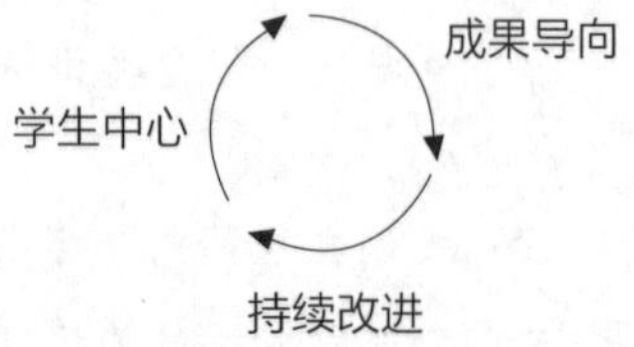

成果展示设计时需注意以下4个问题：

①我们想让学生取得的学习成果是什么？

②我们为什么要让学生取得这样的学习成果？

③我们如何有效地帮助学生取得这些学习成果？

④我们如何知道学生已经取得了这些学习成果？

图 3-8-2 成果展示设计原理示意图

基于以上4个问题，在进行课程设计时，应以最终的学习成果为起点，反向进行课程的设计，进而开展教学活动。

4. 成果展示评选方式

①**班级评选**　学生通过对研学课程的学习，以小组为单位，利用教室墙壁空间、班级学习交流平台或召开相应的主题班会，对成果进行分类展示交流；采用自我评价、小组评价、老师评价、家长评价等评价方式，推选出优秀学习成果。

②**学校评选**　学校可以按照不同的成果类型、不同的学段设立展示项目。在各班推选的基础上，举办研学旅行成果展。展示方式可以灵活多样，既可以通过展台、展板、宣传栏等传统方式展示，也可以通过微博、美篇、公众号、各视频网站等新媒体平台展示。通过对学生各类学习成果的展示和评比，共享成果和经验，以对学生起到启发和激励的作用。

通过多元的评价，对表现优秀的学生给予肯定和表彰，先是班级内部的小结表彰，再是学校的综合表彰。除了对表现优秀的学生给予肯定，在创新创意、团队合作、文明出行等其他方面也可以设立奖项，体现多维度的表彰形式。学校可根据实际情况把学习成果计入学生发展素质评价报告，予以学分认定或成绩认定。

思考与练习

实操题

7月25日是"泉州世界遗产日"，为了让广大学生更深入了解泉州世界遗产景点，市文旅局组织了"世遗由我说"主题研学活动，请你针对不同学段学生设计成果展示方案。

任务九　复盘反思设计

学习目标

- 了解复盘反思的含义；掌握复盘反思的引导方式及常用工具；
- 能够简单设计出不同类别且符合不同学段学生特点的复盘反思活动。

学习任务导图

```
                        复盘反思的含义

                                            回顾总结的含义

                                            回顾总结的基本要求
复盘反思设计            课程回顾总结
                                            回顾总结的常用方式

                                            拓展问题

                        复盘反思维度          复盘注意事项

                        复盘反思的基本要素      复盘的特点

                        复盘反思的工具        复盘的原则
```

任务内容

复盘反思是一种学习机制，是行动的反思与总结，是在实践中培养和发展工作学习技能的重要手段。在项目化研学实践的学习中，复盘反思不是随意的感受分享，而是有框架和目的性的，和我们的驱动问题和学习目标之间是有关联性的，是学习的升华。

1. 复盘反思的含义

复盘，起源于围棋术语，也称复局，指对局完毕后，复演该盘棋的记录，检查对局中优劣与得失的关键，一般用于自学，或请高手给予指导分析。每次博弈结束后，双方棋手把刚才的对局再重复一遍，这样能有效加深对这次博弈的印象，也可以找出双方攻守的漏洞，以提高自己水平。

在日常生活和工作中的各个领域中，"复盘"一词被延伸和广泛运用，有以项目为单位的业绩复盘、产品复盘，有以时间为单位的年度复盘、月度复盘，还有与个人有关的竞赛复盘、投资股票复盘等。

复盘主要体现了思维上对事件的重现，复盘可以是对真实情境的再现或回顾，也可以是一种纸上的头脑风暴。通过事后回顾结果和整个过程，重新审视、思考事件中自己和他人的行为和思维，从而发现问题，吸取经验，找到根源，总结规律。下次再面对类似的事情，我们就能做到胸有成竹，把事情做得更好，最终实现能力提升。

反思是站在旁观者的角度上，回顾整个事件发生的过程，更客观地审视过程和自身。在研学活动中，我们引导学生对活动中的思维和行为进行回顾、反思和探究，进而实现能力的提升。

在工作中，复盘反思是一种将工作中的思考、总结、反思、提高整合于一身的工作方法，而在项目化研学实践的学习中，复盘反思也是不可或缺的重要环节之一，主要是让学生回顾自己在活动中的行动，在本次活动中学了什么、做了些什么，并在此基础上提高自己的感受力。通过复盘反思，可以看到我们好的部分与不好的部分，梳理成功的原因是什么、我们做对了什么、失败的原因是什么、我们在哪一步可以加以优化。复盘反思是观察自己、看见自己、理解自己的途径，也是看见他人、学习他人的方式。

复盘反思是行动的另一半，和行动是不分家的，复盘反思为行动服务，行动之后复盘反思，复盘反思之后再行动，从而形成良性循环。及时地复盘反思，能促使学生深入分析存在的问题，找到解决方法，从而重构活动经验，进而提升分析问题和解决问题的能力。这个过程就像骑自行车一样，只有不断用车把手校正自行车的方向，才能一直保持自行车在前进的路上。

2. 课程回顾总结[1]

回顾总结是研学课程学习结束之后的下一个环节，主要内容包括：回顾总结本次课程的知识和技能，运用所学的知识和技能拓展和解决新的问题，全面提升学生的综合素质和核心素养。

（1）回顾总结的含义

所谓回顾总结，就是在研学旅行教学任务的终了阶段，研学旅游指导师富有艺术性地对研学旅行课程所学知识和技能、所用方式和方法，以及探究、体验、制作、参观的过程和价值情感的提升进行归纳总结和转化升华的行为方式。通过回顾总结，整个研学旅行教学过程变得完整，最终让学生达成对知识、技能和价值观的融会贯通。

回顾总结一般放在教学过程的末尾，是对研学旅行课程学习做一个简短而具有系统性、概括性、延伸性的总结。

（2）回顾总结的基本要求

研学旅行课程教学回顾总结设计的基本要求如下：

①**回顾研学全程，再现课程全貌**　在课程的最后，研学旅游指导师要引导学生回顾整个研学旅行过程，总结研学要点并梳理课程内容的逻辑框架，再现研学课程全貌，留下美好回忆。

②**效果测试评估，检查课程目标**　研学旅行教学目标是否实现，需要在回顾总结阶段加以检查测试。课程设计者要设计出效果测试评估方案和能够检查课程目标是否达标的方案。

③**提升课程价值，激发应用动机**　研学旅行课程最重要的价值就是帮助学生解决学校课堂学习和生活中的实际问题。在回顾总结阶段，研学旅游指导师要再次强调课程中的方法技巧和应用范围，提醒学生运用所学知识和技能解决学习和生活中遇到的相关问题，提高学生的综合素质。

④**布置课后任务，设计课后作业**　课程结束反而是学生自主运用研学旅行课程知识与技能处理实践问题、提高个人思想品德的开始。研学旅游指导师所布置的课后任务，要具体而明晰，便于学生回校后进行实操练习。

（3）回顾总结的常用方式

教学过程的回顾总结方法多种多样，实践中常用的有抢答式、卡片式、考察式、日记式、点睛式、悬念式、激励式、呼应式、游戏式、故事式等，其中最常用的有趣方式有抢答式、卡片式、考察式、日记式。

①**抢答式**　在抢答前，让学生回顾所学知识点，然后由指导师提出问题，学生以个体或小组为单位进行抢答。答对的加分，答错的扣分，让学生想好了再回答。

②**卡片式**　给每位学生或每组学生一些空白卡片，请学生及时复习所学知识点，并把关键问题写在卡片正面，把答案写在卡片背面。指导师收集所有卡片，念出卡片上的题目，请

1　李岑虎. 研学旅行课程设计 [M]. 北京：旅游教育出版社，2020-08.

学生抢答，答题正确加分，错误则扣分，直到所有学生都抢答过题目为止。

③**考察式**　请每个小组在白板纸上写下所学到的知识点，并用序号标明顺序，写得越多越好，写完后张贴起来。每个小组轮流到其他小组的白板前去考察，把对方没有写全的知识点在其白板纸上标注出来，把对方想到而自己没有想到的知识点记录下来，回来后在本小组白板纸前查看对方补齐的相关知识点，并分享考察心得。

④**日记式**　研学日记是一种由指导师安排、由学生记录的研学旅行活动的总结性书面记录。它是对之前所有研学内容的复习、梳理，能提高学生的认知水平和感知水平。日记记录主体有指导师总结、研学小组研讨和个人总结三种。格式上有文字书写、流程图和概念图等。指导师应提前将研学日记的使用说明印在卡片上、白纸上、幻灯片上，现场发放给学生，要求学生创造性地填写并现场展示。

教学过程的回顾总结方法多种多样，可以统筹使用，但切忌使用下面三种形式：

①**戛然而止式**　如："好的，我们今天的课程就到这里吧，谢谢。"

②**陈词滥调式**　如："感谢×××学校（基地）、×××领导邀请我为大家分享×××课程，×××领导非常重视这个活动，希望×××学校（基地）能够越办越好。"

③**单调反复式**　如："我们来总结一下这次课程的×××，希望大家回去都好好练习。说到这里，我们还需要总结一下今天讲过的几个原则×××。哎呀，大家还记不记得讲解这些原则时使用的案例呀，我们再来复习一下×××。"

（4）拓展问题

研学旅游指导师要引导学生进一步巩固所学的知识和技能，培养学生运用所学知识、技能独立分析问题和解决问题的能力，并使学生达到熟练运用的程度，可以拓展解决新的问题，做到举一反三、触类旁通，提高自己的思想觉悟和实践技能。

3. 复盘反思维度

在项目化研学实践学习中，注重学习的过程，也关注学生的表现，所以，一般在学习活动结束时，需要研学旅游指导师做好复盘反思的组织与引导。

复盘反思可以从三个方面来进行：任务、团队、个人。三者关系如图 3-9-1 所示。

①**任务复盘**　小组成员通过对刚完成的项目或任务进行反思和总结，从回顾最初目标开始，深挖执行过程中的各个环节，找出不足及其原因，最后形成经验教训和总结。复盘同时也是一个共创的过程，小组全员聚焦问题，集思广益，后期制定的行动计划和策略才会更有针对性，更有适用场景，可操作性也必然更高。

②**团队复盘**　对于团队来说，团队的效率在于配合的默契，如果达不成这种默契，合作就不可能成功。所以小组

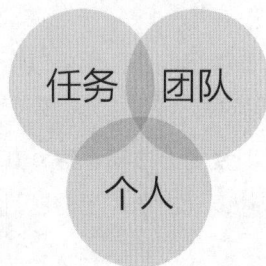

图 3-9-1　复盘反思三元素关系图

成员在复盘反思环节的探讨中，会发现团队在协作过程存在的问题，要及时分析并做好反思。

③**个人复盘**　对于个人而言，对自己在研学活动中的经历进行回顾，也是自我观察和自我认知的一个途径，通过复盘来形成一些有效的思考框架和行为习惯，可以帮助我们在做出决策、思考和行动时更加系统和全面。

4. 复盘反思的基本要素

（1）复盘注意事项

①**围绕重点**　复盘要注重结构化的叙述方式，切忌写成流水账，应将重点放在挖掘问题的原因，重点放在得到启示而不是得到答案。

②**重在行动**　复盘得出的结果，要用在后续的行动中持续改进。

③**明确目的**　复盘的目的在于面向未来，是"为了更好的下一步"，而不是为了复盘而复盘。不要忘记当初设定的靶心，即所谓的"初心"。

④**体现意义**　通过复盘反思进行分析，哪怕失败了，也要争取有意义的失败；即使成功了，也要避免无意义的成功。

（2）复盘的特点

①**复盘是结构化的**　第一，回顾本次学习体验中我们的观察、感受和收获；第二，梳理我们对于驱动问题的探索；第三，反思这次项目中我们是如何学习的；第四，联系生活，看到本次学习的意义；第五，制定未来的行动计划。

②**复盘是学习导向的**　复盘的目的是让个人和团队能从过去的经历中学习，忠实地还原事实，分析差异，自我反思，获得经验或教训，找到未来可以改进的地方。

③**复盘是行动导向的**　复盘的目的是提高未来工作和学习的效能，所以复盘得到的经验教训要在未来学习工作中持续改进、不断修正。

（3）复盘的原则

开放的心态，坦诚地表达，实事求是，反思自我，集思广益。

5. 复盘反思的工具

（1）KSS

当我们完成一次研学之旅，可以通过表 3-9-1 的 KSS 工具引导学生做复盘思考，这不仅可以引导学生总结经验，提出更好的想法和建议，还可以让学生反思自己的学习过程，洞察自己的学习习惯，为下一次的研学之旅做出有意识的突破和尝试。

表 3-9-1 KSS 工具

Keep doing 有什么是可以保留的，下次继续？	Stop doing 有什么是需要我们下次避免的？	Start doing 有什么想法是我们下次可以去尝试的？

类似的工具还有 GDD，见表 3-9-2。

表 3-9-2 GDD 工具

Good 有哪些做得好的地方？	Difficult 碰到了哪些困难？	Different 哪些与设想的不一样，下次可以怎么改进？

在引导学生进行复盘时，不一定要严格按照既定的问题去逐个问，只要顺着学生复盘讨论的逻辑，启发大家去思考这三个方面的问题就可以了。

（2）情绪曲线图

复盘中我们容易忽略学生的心理、感受、情绪，如果说 KSS 是针对事情本身进行复盘反思，情绪曲线图则是针对学生个人的感受进行的复盘反思。它可以帮助我们从情绪的角度去看待学生，关注学生。如图 3-9-2 所示，情绪曲线图常见的形式是一个坐标轴，横轴表示时间，纵轴表示不同时间里发生的事情所对应的情绪高低值，连起来就是一条情绪曲线。通过分析这条曲线我们可以看到学生在哪个事件或时刻中达到情绪高点、情绪低点，以及情绪是如何波动的。

当我们借助一些复盘工具辅助学生来做总结，渐渐地，学生就能运用这些工具进行思考，且在思考的广度和深度上逐步提升，在学习和生活中形成时刻复盘的意识，进而能将这种思考的方式迁移到其他领域。学生的这种内化和迁移就是我们最为期待看到的成长与蜕变。这也是陶行知等教育家所提倡的"做中学"。

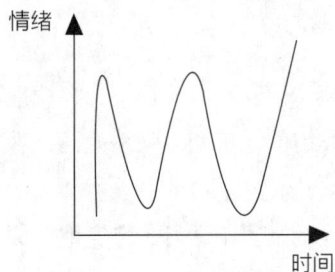

图 3-9-2 情绪曲线图

思考与练习

思考题

1. 复盘反思可以从哪几个方面进行？可以用什么方法？

2. 复盘反思需要遵守什么原则？

实操题

1. 请尝试对今天的学习做一个复盘，并做好记录。

2. 请结合你们小组针对校园而设计的一个学段的驱动设计和情境创设，设计适合该学段的整个课程内容（包含开营毕营、现场调研、发现洞见、设计制作、成果展示、复盘反思等），用思维导图或课件呈现。

任务十　学习地图设计

学习目标

- 理解学习地图的结构；
- 学习设计学习地图。

学习任务导图

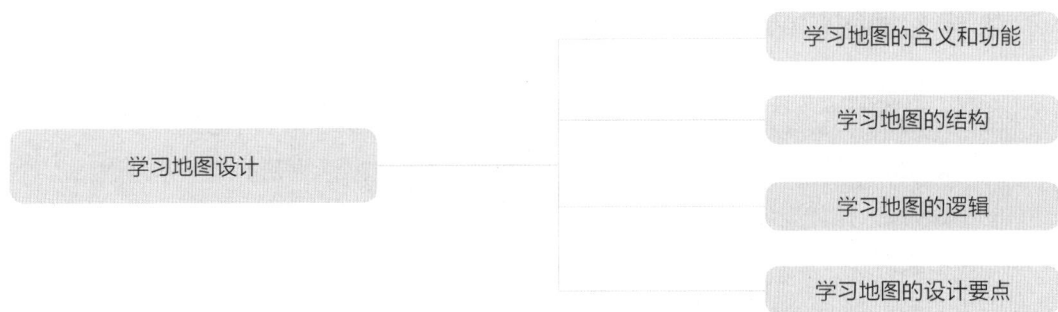

```
                                        ┌─────────────────────┐
                                        │  学习地图的含义和功能  │
                                        └─────────────────────┘
                                        ┌─────────────────────┐
                                        │   学习地图的结构      │
┌──────────────┐                        └─────────────────────┘
│  学习地图设计  │────────┤              ┌─────────────────────┐
└──────────────┘                        │   学习地图的逻辑      │
                                        └─────────────────────┘
                                        ┌─────────────────────┐
                                        │  学习地图的设计要点   │
                                        └─────────────────────┘
```

任务内容

1. 学习地图的含义和功能

学习地图是在研学旅行过程中提供给学生的、用于加快思考的深度与广度、突破盲点、实现团队研讨与合作，从而高效地解决问题或者输出高质量解决方案的支持系统。学习地图本质上也是学习支架。

学习地图的作用主要凸显在以下六大方面：

①**研学旅游指导师执行工具**　研学旅游指导师可以结合学习地图每个环节的设计，带领和引导学生进行探究，推动学生往前探索。

②**学生执行支架**　即学生执行的脚手架，用于整个研学旅行的各个环节，帮助学生完成实践任务。

③**小组合作学习**　学习地图最大的作用体现在团队合作，通过学习地图设计，小组成员开展研讨、分析、整合等活动方式，达到共同协作探究的目的。

④**持续探究**　学习地图通过层层推进、环环相扣的设计，推动持续探究过程的开展。

⑤**总结分享**　学习地图上除了能体现团队建设、考察探究等过程外，还体现总结分享这一非常重要的环节。在学习地图上设计总结分享环节，能让学生在团队中更加敢于表现自己，发表自己的想法，尤其是平时不爱表达的学生，能够让他们有条件地进行自我呈现。

⑥**复盘反思**　学习地图作为载体，通过画面感的方式呈现复盘反思，让团队经过总结后，将复盘内容以可视化的形式呈现，并反思迁移，层层分析如何将收获应用于实际生活和学习中，这无疑是让学生主动参与的好方式。

学习地图的使用对象主要是学生和研学旅游指导师，学生按照地图上的问题进行探究，通过指导师的引导，结合调研情况，小组分析讨论，提出创意想法和解决方案，并把整个过程呈现在学习地图上。指导师根据学习地图的使用说明，结合课程实施流程，引导学生一步一步进行思考与讨论，并及时安排学生完成学习地图上各环节的探究任务。

2. 学习地图的结构

①**活动任务**　要有驱动任务说明，表述清楚需要完成什么任务或解决什么问题。

②**团队建设**　团队建设过程和团队各位成员的角色通常会呈现在学习地图上。

③**活动调研**　设计现场调研情况记录模块，包含调研的过程、调研的结果等内容。

④**小组讨论**　设计引导小组梳理分析板块，学生可以用其呈现讨论过程和讨论创意。

⑤**学习支架**　在整个调研学习到设计制作过程中，往往会用到一个或者多个学习支架，即脚手架工具，可以把学习支架融入到学习地图每层引导内容中，让学生根据学习支架开展调研、讨论、分析、设计、展示、反思等活动。

⑥**设计制作**　学习地图应该涉及学生设计制作和成果展示过程，引导学生呈现设计制作过程，展示设计成果或方案，进行成果分享。

⑦**复盘反思**　学习地图还要设计复盘反思模块，可以反思本次研学旅行过程中的任何环节，可以思考如何进行实际应用，也可以拓展延伸相关课题并进行深入思考，最好可以锻炼学生的高阶思维。

3. 学习地图的逻辑

设计学习地图一定要符合学段特点，一步步进行引导设计。

①**时间流程**　首先可以根据整个研学旅行活动的流程进行设计，第一步做什么，第二步做什么，步步推进。

②**结构化思维**　其次要利用结构化思维进行设计，每个板块都不是松散的，而是结构紧密的，具有逻辑的；灵活运用逻辑方法，分析每个步骤和环节的内在规律，思考学生们学习过程中会遇到的问题，站在学生的角度上把支架交给学生；将学生的学习过程结构化，让学生能够运用正确的方法完成对探究任务的推理，让学生掌握知识的概念以及学习的方法、技能，锻炼学生的核心素养能力。

③**学生认知**　学习地图的设计一定要符合该年龄学段学生的认知水平和身心发展特点。比如针对小学低年级学生，不设计难以理解的学习支架，不设计大量填写文字的模块；而针对中学生则可以设计逻辑思维比较强的思维工具、设计深入探究的过程等。

结构化思维方式设计常用的有2W1H思维工具（见图3-10-1）：

①**为什么（Why）**　学生为什么要完成这个任务，哪些是任务的重点？

②**是什么（What）**　学生完成的呈现出来是什么样子的呢？引导学生达成什么结果？

③**怎么做（How）**　学生完成任务过程中，核心应该呈现在哪个环节？通过什么方式引导他们去完成？

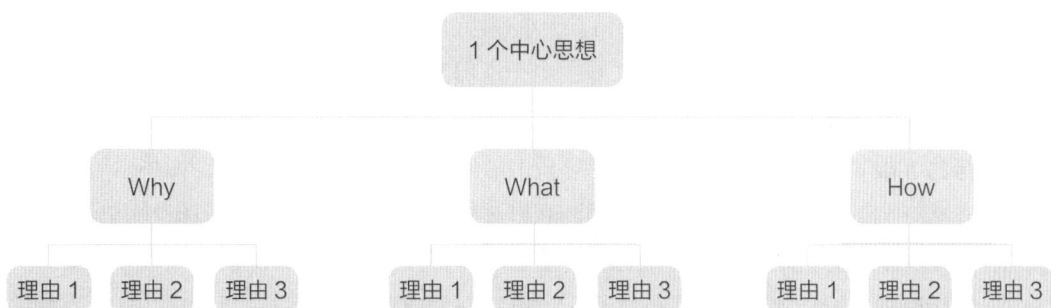

图 3-10-1　2W1H 思维工具示意图

还有4F思维工具（见图3-10-2）：

①**事实（Facts）**　事实有很多面，透过不同角度，观察到的内容和描述不同。

②**感受（Feelings）**　包括个人的感觉和情绪，以及表达内心所要分享的主观感受或直觉。

③**发现（Findings）**　从经验中挖掘对个人的意义，或者发现一些新的、未关注的事物。

④**未来（Future）**　思考如何把经验转化和应用在未来的生活中，包括行动计划、预测未来、思考可能性，并描述有哪些选择、想象或是梦想。

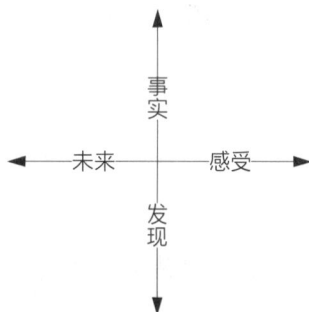

图 3-10-2　4F 思维工具示意图

针对不同学段学生，思考时可以有不同的侧重点，比如对于小学生，可以注重观察，多结合事实去设计，延伸到感受："刚才发生了什么？你看到一个怎样的场景？你印象最深刻 / 有趣的人 / 事是什么？"而对于中学生，可以考虑更多逻辑思维方向的内容，如发现或未来："参观完科技馆，发现安全知识的特点是什么？有什么感受？引发这种感受的原因是什么？对应的策略是什么？""你觉得这里的哪件物品值得在几百年后值得传承下来，为什么？"

所以思维工具既可以作为单独的学习支架，可以成为研学实践课程设计的整体思路，也可以作为结构化思维方式设计学习地图，还可以用思维工具设计其他的课程手册方案。

4. 学习地图的设计要点

①**目标明确**　围绕本次研学旅行的学习目标，结合学生探究任务和要解决的问题来设计学习地图内容。

②**逻辑畅通**　学习地图需要逻辑清晰，各环节相互关联，上下贯通。

③**排版美观**　内容排版整齐，版面整洁，按照不同年龄学段的风格进行设计，颜色不能太深，不能太亮，也不要太暗。如小学低年级可以选择活泼生动的风格，放一些卡通图案；高中可以整齐、大气一些，文字格式统一，大小适中，颜色合适且统一。

④**注重留白**　整体设计不要密密麻麻，每个模板留有空位，间距适中，图片、文字排版风格统一，阅读舒适。

⑤**符合学段**　学习地图要符合该年龄学段的认知水平和身心发展特点，如小学可多用看图连一连、选一选、画一画的方式呈现，强调观察过程和结果，高中可以多设计逻辑思考问题，留一些大板块让学生发挥创意。

⑥**实用有效**　操作实用性强，使指导师能够很好地应用于研学实践活动中，让学生能够看懂、理解地图每个板块的表述，并且能够积极使用学习地图进行探究活动。

思考与练习

思考题

除了学习地图，你觉得还可以做什么来引导学生完成探究任务？

实操题

请各小组根据前面设计的其中一个学段的课程方案，进行学习地图设计。

任务十一　研学课程产品手册设计

学习目标

- 了解什么是研学课程产品手册；
- 尝试结合实际项目进行研学课程产品手册设计。

学习任务导图

研学课程产品手册设计

- 认识研学课程产品手册
- 研学课程产品手册设计要求
- 研学课程产品手册核心内容设计

任务内容

1. 认识研学课程产品手册

研学课程产品手册是研学旅行相关单位结合基（营）地的资源，组织课程设计人员编写的介绍研学旅行课程方案的文本资料，是研学旅行课程设计理念和课程内容最直接的体现，也是前期设计的课程框架的文本书面化呈现，为研学旅行其他环节的细化和实施提供方向性指导，也是研学旅行实施的基础性资料和蓝本。

研学课程产品手册又称为课程手册或产品手册，顾名思义，具有产品的概念，使用对象有学校、研学机构、家长等群体，目的是让这些群体能够第一时间了解研学旅行课程方案，熟悉课程设计理念、课程实施内容等整套课程方案，及时把基（营）地的课程方案推广出去，达到宣传研学旅行课程方案的效果。

2. 研学课程产品手册设计要求

研学课程产品手册总体设计应遵守《研学旅游课程与线路设计指南》（LB/T 092—2025），要符合教育要求，突出教育性，基于教育性原则下进行各内容板块撰写。

研学课程产品手册的排版设计需要严谨、有耐心，设计时须富有"教材研发"的精神，把握每个细节，表达准确，逻辑通畅，图表规范，排版统一整洁。

研学课程产品手册应该做到内容科学，明确研学旅行课程的教育主题、课程目标、课程内容、课程实施、课程评价等内容。

3. 研学课程产品手册核心内容设计

①**设计单位**　包含设计单位简介、资源单位简介、课程设计及实施团队介绍等内容。设计单位简介突出该单位的企业文化、教育理念、研究方向、单位规划等内容；资源单位简介包含了示意图、全景图、资源特色、研学动线、研学设施等说明；团队介绍主要着重于设计团队的设计经验、实施团队的执行经验、团队实力等。

②**手册前言**　突出研学旅行的大背景，并对整个课程方案进行简单说明。

③**课程设计理念**　阐述课程设计的指导理念，课程设计的依据等内容。

④**课程背景**　交代社会大环境，结合基（营）地资源，交代能解决什么以及能达到的效果。

⑤**课程目标**　明确本次研学的课程目标以及要培育哪些核心素养目标。需要结合具体主题内容以及学生年龄学段的认识水平来设计。

⑥**课程任务**　明确任务驱动，以及不同课程环节需要完成的课程任务。

⑦**课程对标**　链接学科课程标准以及其他指导纲要文件要求。

⑧**课程内容**　以表格形式呈现，从行前、行中、行后介绍具体的课程，包含实施场所、实施课程、实现事项等。

⑨**其他内容**　完整的研学课程产品手册还包含了课程实施、课程评价等板块，此项具体内容会在教师指导手册和评价手册上呈现。除此之外还有其他特别说明，如致家长的一封信、参考文献等内容，都需要在研学课程产品手册中明确展示出来。

请扫描本书二维码，阅读某基地课程手册。

思考与练习

实操题

请各小组根据前面设计的其中一个学段的课程框架，完成研学课程产品手册设计，包含封面封底。

任务十二 研学课程学生手册设计

学习目标

- 了解什么是研学课程学生手册；熟悉学生手册内容设计的要求；
- 尝试结合实际项目进行研学课程学生手册设计。

学习任务导图

```
研学课程学生手册设计 ─┬─ 学生手册的含义和功能 ─┬─ 认识学生手册
                     │                        └─ 学生手册的使用对象和作用
                     ├─ 学生手册的设计原则
                     │
                     └─ 学生手册的内容设计 ─┬─ 行前准备
                                           ├─ 安全须知
                                           ├─ 研学课程内容
                                           ├─ 总结和反思
                                           └─ 排版设计
```

🪧 任务内容

　　优秀的研学旅行必须课程化，而课程化的第一步，就是要有一份精心设计的学生手册。

　　研学课程学生手册是学生研学旅行过程中最重要的学习资源，其使用过程贯穿于整个研学旅行的过程，包括研学旅行活动基本信息、研学旅行学习工具资源、研学旅行项目学习记录、研学旅行活动成果汇报等。研学课程学生手册里呈现的成熟的课程内容设计可以有效促进与他人之间的交流协作，促使学生将自己的创意、方案付诸现实，转化为物品或作品，并将成果进行展示与分享。研学课程学生手册还有助于学生综合运用各学科知识，帮助学生认识、分析和解决实际问题，形成理性思维、批判质疑和探究精神，提升其综合素质，着力发展学生的核心素养、社会责任感、创新精神和实践能力。[1]

1. 学生手册的含义和功能

（1）认识学生手册

　　学生手册就是我们常说的研学手册，相当于研学旅行课程中的"教材"，使用过程贯穿整个研学旅行活动，包括出行前、出行中和出行后。不过学生手册不同于传统分科教学的教科书，它更体现了综合性、实践性的特点，不仅包含学习目标、学习内容、学习总结等"研学"内容，还应考虑到"旅行"需求，提供出行与生活方面的基本信息与常识，是一本集教科书、旅行指南及行为规范于一体的综合性课程手册。

　　学生手册作为学生旅行过程中最重要的学习载体，不仅内容设计要科学，给学生提供学习的引领，还要让学习过程有趣味，激发学生研究探索的欲望。

（2）学生手册的使用对象和作用

　　学生手册，顾名思义，主要使用对象为学生，并且是学生人手一册。

　　对于学生，研学途中每天须随身携带并完成手册内的研学作业，做好研学过程中的记录；在研学课程学生手册的引领下，学生可以从自然社会和生活中开展学习，在观察、记录和思考中主动获取知识，为学生开展研究性学习提供方向性的指导，提供必要的基础性资料，记录学生的成长足迹；有助于学生从整体上认识研学，从细节上进行具体的研学操作，使之能更加深刻地理解研学课程，并记录自己在研学中的所学所得。

　　对于教师，研学旅游指导师也需要了解手册的内容，并且在学生不明白的地方给予相应的指导，在重要的内容部分加以强调和解释。

1　邓德智，景朝霞，刘乃忠主编. 研学旅行课程设计与实施 [M]. 北京：高等教育出版社，2021-09.

2. 学生手册的设计原则

学生手册是对研学旅行知识的巩固和补充，能够巩固学生学习的研学知识，让学生对行程提前有一定的了解，在某种程度上，它也是检验研学课程实施成果的关键。

虽然每个地区、每个年龄段的学生手册会稍微有些不同，如小学和高中学生的学习能力是不同的，研学手册设计元素也会略微有所差别，但是学生手册编辑时还是有一定的原则可以遵守的，在设计学生手册时一定要注意以下原则：

①**教育性原则**　手册的设计要体现教育功能特征，突出学生能力发展、素养发展的促进作用。

②**综合性原则**　手册要包含研学旅行知识、生活常识、注意规范事项等，是一本"教科书＋旅行指南"的综合性课程手册。

③**实践性原则**　要注重研学旅行各环节的安排，具备实践性，能够引导实践活动的进行。

④**研究性原则**　研究性学习的内容是研学旅行必不可少的，手册的设计需要结合研究性学习的内容，设计延伸性学习任务和开放式思考问题，推动学生深入学习。

⑤**针对性原则**　手册编写要从研学旅行目的地、线路、资源的特色出发，有针对性地结合不同学段的学生身心发展特点，做到因生制宜、因地制宜、因时制宜。

⑥**实用性原则**　手册设计要方便实用，大小合适，便于学生在研学过程中记录、填写，并注意应急信息、安全事项等内容的完善。

⑦**趣味性原则**　学生手册的使用对象主要是学生，需要站在学生的视角进行设计，文字通俗易懂，图文并茂，如插入研学目的地的风景图片，使学生阅读起来更直观，增强趣味性和吸引力。

⑧**科学性原则**　内容设计合理，概念表达规范，语言清晰准确，整个手册具备研学课程的逻辑性，结构上层层推进。

3. 学生手册的内容设计

学生手册是贯穿于行前、行中、行后整个研学旅行活动过程的，所以设计的内容需要考虑不同的环节，并符合《研学旅游课程与线路设计指南》规范，一般包含以下几个内容板块。

（1）行前准备

一是行前的物品准备，如生活物资和学习资料等。包括各种证件类（学生证、身份证等）、行李包类（行李箱、双肩包等）、衣物（上衣、裤子、内衣、袜子等）、鞋子（舒适运动鞋等）、电子产品（手机、相机、充电器、充电宝等）、洗漱用具（牙刷、牙膏、毛巾等）、药品（感冒药、肠胃药、晕车药、抗过敏药、其他个人特殊药物等）、其他常用物品（雨伞、水杯、汗巾、垃圾袋等）。学习资料主要指研学课程学生手册、笔、书籍等。

二是行前的知识准备，如文化知识、出行常识等内容。行前知识准备的功能是引导学生在出发前对研学课程进行预习，提前熟悉研学目的地，调整好身心状态。在设计时要注意从学生的角度出发，形式多样、种类丰富且易于学生接受，这样才能激发学生自主学习的兴趣，从而做好行前知识准备。

三是提前了解行程安排，介绍本次研学实践活动流程和活动内容。

（2）安全须知

指针对学生主观上产生的、可能发生的错误行为带来的安全隐患，作出提醒和警告，一般包含安全注意事项、组织纪律要求等内容。安全提示是学生手册内容的重中之重。安全注意事项是针对学生活动中容易发生安全事故的环节，例如乘车安全、活动进行安全等进行事先强调。严明的组织纪律要求是预防安全事故的最有效手段，需要重复提醒，如听从指挥、不擅自离队行动等。

（3）研学课程内容

即每个单元课程内容的设计和整个课程规划，包含课程学习目标、课程任务、课程情境、拓展知识等内容，其中不同的学习方法和课程内容介绍也不尽相同，需要明确学习内容和说明学习流程。如研究性学习需提供研究方法介绍，任务驱动式参观需要设计引导探究的线索和思路，实践操作性活动需要讲述清楚学习流程和操作方法。

行中课程内容的设计，需要贴合整个研学活动逻辑结构，层层推进，引导和推动学生完成最终的学习任务；在问题的设计上，应提出一些启发性的问题，锻炼学生思维，这些问题不只是知识性的，还需要有反思与探索，甚至可以是没有正确答案的开放性问题。

（4）总结和反思

应设计学生自我总结和反思环节，并设计相关的反思问题，与行后课程总结、课程评价相衔接，如"所见、所闻、所感""遇见最困难的问题是什么，你是如何解决的？"

（5）排版设计

完整的学生手册应该包含了封面封底、目录和整体手册内容的排版设计，需要做到美观舒适，标题比正文字号大，不同内容可以用不同颜色区分等；模块、目录清晰明了；字体统一规范，字体不能太多，1种字体作为主要字体，1～2种作为辅助字体即可，颜色不要太多、太杂乱；图文并茂，设计符合该学段学生的喜好和风格，尽可能表格化、图文化；生僻字应该标注拼音，尤其是小学低年级的学生手册，需要考虑学生的实际知识水平。

请扫描本书二维码，阅读古建筑主题研学学生手册。

思考与练习

实操题

请各小组根据前面设计的其中一个学段课程框架，完成学生手册设计，包含封面、封底和排版设计。

任务十三　研学课程教师指导手册设计

学习目标

- 了解什么是研学课程教师指导手册；熟悉教师指导手册内容设计的要求；
- 尝试结合实际项目进行研学课程教师指导手册设计。

学习任务导图

研学课程教师指导手册设计
- 教师指导手册的含义和功能
  - 认识教师指导手册
  - 教师指导手册的使用对象和作用
- 教师指导手册的设计原则
- 教师指导手册的内容设计
  - 研学活动流程和安排
  - 研学课程教学目标
  - 课程实施的单元细节
  - 物料清单设计
  - 手册排版设计
  - 手册附录

🚩任务内容

研学旅行已发展多年，迄今为止，各地开展实施的效果各有差别，其中涉及的因素有很多，核心的关键点大多在于研学课程的设计与研学课程活动的落地执行。

一个高质量的研学课程，合理有趣的内容设计是前提，而行中的研学课程活动的组织实施则在一定程度上影响着研学旅行活动的教学质量。由于研学旅行大批量集体出行的特性，即便是同一个研学团队，每个单元团队之间也很难达到统一的标准。因此，要保证研学课程实施效果达到标准，除了执行人员要有合格的资质与技能，还需要有统一的实施指导，研学课程教师指导手册就能很好地解决标准不统一的问题，是整个研学活动中研学旅游指导师的行动指南和具备统一的课程实施标准的依据。

1. 教师指导手册的含义和功能

（1）认识教师指导手册

研学旅行的教师指导手册，也叫教师用书或执行手册，是以学生研学手册为基础，从研学课程组织实施者的角度编制的文本，主要对研学课程活动的执行实施提供指导和说明，能让研学旅游指导师快速理解课程内容及执行要点。

简单来说，其类似于"教案"，让研学旅游指导师一看就明白怎么执行活动、怎么教授课程，因此，教师指导手册更注重操作细节的说明，以帮助研学旅游指导师更为合理到位地执行课程。教师指导手册是研学课程设计的重点内容之一。

（2）教师指导手册的使用对象和作用

顾名思义，研学课程教师指导手册是研学旅游指导师使用的手册，总控、研学旅游指导师等工作人员人手配备一份。

通过教师指导手册的指导说明，总控负责人可以提前协调人员进行配合，把控每一步流程；后勤组可以提前布置好场地，精准按量准备器材和物料；研学旅游指导师可以提前做好备课，了解相关知识点和活动实施步骤，更大程度保证教学效果。

2. 教师指导手册的设计原则

研学课程组织实施过程中，需要大量的信息和清晰的流程结构来辅助工作顺利地开展，我们通常会把这些信息和流程编写进手册中，帮助研学旅游指导师理解课程实施过程，所以研学课程教师指导手册需要方便实用、操作便捷，设计教师指导手册时要遵循以下原则：

①**专业性原则**　研学旅游指导师是一个专业性很强的职业，在教师指导手册的设计上，不但要体现出引导学生进行研究性学习这一教育特质，还要体现出对"以旅行为载体"这一教学形式的把控度。

②**实用性原则**　手册要方便使用，内容通俗易懂，教师可以快速了解到课程实施的流程和方法，并在此基础上备课细化。

③**科学性原则**　要做到概念表达规范，语言清晰准确，教学方法科学，内容结构和实施流程具备逻辑性，一般以课程活动实施程序为主线。整体设计体现出"以学生为中心"的理念，在各个教学环节都应以学生为出发点。

④**可操作性原则**　课程活动实施过程、实施步骤、实施环节清晰明确，具备指导意义。

⑤**便捷性原则**　方便研学旅游指导师携带，随手翻阅。

⑥**变化性原则**　研学课程活动实施是一个具有不确定性和变化的过程，在手册设计时需要考虑到可能发生的不确定因素及应对办法，如下雨时课程活动实施的备选方案。

3. 教师指导手册的内容设计

研学课程教师指导手册是贯穿于行前、行中、行后整个研学旅行活动过程的，需要按照不同环节下的课程实施过程来设计手册方案，而不同的研学旅行课程、不同的研学线路，就会有不同的研学课程教师指导手册，需要依据研学课程的学生研学目标来设定研学旅游指导师的教学指导目标，把课程理念与教学实践连接起来，把课程实施过程及方法与教学指导目标进行融合，细化步骤，确保整个课程活动实施的可操作性。教师指导手册的编制须符合《研学旅游课程与线路设计指南》规范，主要包括以下内容：

（1）研学活动流程和安排

需要呈现研学活动流程总概览、工作时间节点、人员安排，以便研学旅游指导师了解研学课程的内容和流程。

（2）研学课程教学目标

研学旅游指导师要完成的研学课程教学目标，其实就是学生要实现的学习目标，教师指导手册需要对课程教学指导目标进行细化。

（3）课程实施的单元细节

包含了行前的实施工作安排、行中的实施工作安排和行后的实施工作安排。行前主要以去学校上行前课为主，而行后以回到学校上行后总结课和行后反思评价为主，因此教师指导手册的该部分内容是以行中的课程实施为核心。

①进行每个课程单元环节的内容排序，一般有小组分工和团队建设环节、情境导入环节、前期调研环节、设计制作环节、成果展示环节、复盘反思环节等，按照实施的顺序将各环节进行排列。

②确定每个单元环节的教学方法和学习方法，如讲授法、谈话法、讨论法、演示法、参观法、情境教学法、自主探究法、调研法、观察法等。

③确定每个单元环节的教学流程，按照教材上的图表格式填写，包含课程活动目标、活动物料准备、课程活动规则、课程活动的过程、课后作业等，须写清楚课程的实施流程和实

施细节，将研学旅行课程的内容分块添加教学细节，逐级落实。

（4）物料清单设计

行前物资准备要翔实、充分。制作物料清单能够帮助工作人员进行充分准备，同时可以对研学活动全程的细节进行梳理。研学物料清单一般包含通用基础保障物料、各环节课程活动物料、文件手册资料等。

（5）手册排版设计

参考学生手册设计内容，完整的手册一般包含封面、目录等内容，虽然教师指导手册不需要像学生手册进行装潢设计，但手册的排版也要做到美观整洁，模块、目录清晰明了，字体统一规范，颜色不要太多太杂乱，尽量以表格方式呈现每个模块的内容。

（6）手册附录

附录主要是一些与课程相关的操作预案和资料文件等，包括安全事故预防处理知识、学科阅读材料、学生名单、课程评价表单等。

请扫描本书二维码，阅读传统民俗课程教师指导手册和农业主题研学活动教师指导手册。

思考与练习

实操题

请各小组根据前面设计的其中一个学段的课程框架，完成学生手册的设计排版，须包含封面、封底。

任务十四　研学课程的行前课设计

学习目标

- 了解什么是研学旅行行前课；熟悉行前课程的课件制作要求和内容；
- 尝试结合实际项目设计行前课程的课件。

学习任务导图

```
                                                          ┌─── 行前课程的内容
                                       ┌── 认识行前课及行前课课件 ──┤─── 开展行前课程的目的
                                       │                  └─── 行前课程的课件
                                       │
研学课程的行前课设计 ──┤── 行前课课件的设计要求
                                       │
                                       │                  ┌─── 目的地介绍
                                       │                  ├─── 研学课程活动流程
                                       └── 行前课课件的内容设计 ──┤─── 研学课程内容
                                                          ├─── 安全公约
                                                          └─── 出行物品准备
```

任务内容

研学旅行真正的开启,并不是学生离开家、离开学校那一刻,而是行前课程的启动。可见,研学旅行的行前课程是非常重要的。精心设计并有效实施的行前课程不仅能够帮助教师和学生做好充分的出行前准备,为研学旅行奠定基础,还能够从学习层面上真正地开启研学旅行,促进学生开启学习的预习和准备阶段,真正进入到研学旅行的状态中。

1. 认识行前课及行前课课件

(1)行前课程的内容

研学旅行的行前课程是研学旅行中必不可少的课程内容,行前课程主要是在研学旅行启程前对学生进行的相关知识准备或研究性学习的开题准备、安全教育、物品准备等。

(2)开展行前课程的目的

①组织实施行前课程,能够端正学生对研学旅行课程的学习态度,理解研学旅行的知识和意义,做好思想准备。

②让学生对研学旅行目的地有基本了解,对相关知识和文化的内容有一个总体的印象,做好研学实践课程的知识储备。

③让学生初步学会研究性学习的基本规范,为在研学旅行过程中开展研究性学习、培养科学研究能力做好准备。

④让学生掌握各类安全旅行和户外活动知识,了解出行应该做好的准备工作,做好课程实施的行动准备。

(3)行前课程的课件

行前课程的课件是组织实施行前课程设计的演示文稿,用于辅助教师授课,使课程内容直观呈现,让行前课程有效执行。这部分内容也可以用视频形式呈现。

2. 行前课课件的设计要求

行前课程的信息量比较大,结合演示文稿来讲授,可以让学生的感受更加直观。一份制作精良的行前课演示文稿也需要遵循研学旅行课程方案设计的原则。

①**内容要清晰** 各板块的内容清晰,逻辑通畅。

②**体现学生视角** 行前课课件是直接在学校课堂上播放的,必须站在学生的角度上设计内容,突出以学生为中心的理念。

③**图文并茂** 整体设计要图文并茂,多采用图片展示,文字要简练,突出重点。

④**优化设计** 整体版面设计符合该年龄段学生的风格和喜好,如小学可以使用卡通图案,高中可以使用简约大气的图片。

3. 行前课课件的内容设计

（1）目的地介绍

以演示文稿、视频或讲解等方式展示研学目的地历史人文概况、地方文化特点、研学旅行基（营）地特点及研学课程特色、地方特产等，帮助学生提前了解研学目的地相关背景，激发学生对研学课题的探究兴趣。

（2）研学课程活动流程

研学旅行不是单纯的学习，也不是单纯的旅游，应当告知学生此次研学旅行的活动安排，让学生有初步的认知。

（3）研学课程内容

除了引导学生知道做什么、怎么做之外，还要提供相关探究任务的知识拓展支持，让学生做好知识的储备。

做什么：进行情境和任务的导入，跟学生介绍清楚研学目标和研学任务驱动，引导学生思考和代入到研学旅行中去。

怎么做：告知学生提前查询哪些资料、用什么方式实现并预习相关知识、复习链接的课本课程，引导学生学会如何分组分工。

（4）安全公约

研学旅行食住行注意事项繁多，研学旅游指导师要特别强调安全事项，引导学生遵守安全约定，并把自己丰富的外出经验在行前课中传授给学生们。讲授时可以先讲具体规定，再解释为什么，并辅以一些案例进行说明，或者匹配安全教育专题讲座。

同时，研学旅游指导师应给予学生安全文明指引，讲解研学旅行过程中的出行、交通、旅行、就餐等环节中学生需要学习的文明交往、文明旅行等礼仪知识，培养学生自我管理、社会责任感等核心素养。

（5）出行物品准备

包括证件、携带物品（笔、研学手册、衣物、水杯等）、药品（感冒药、过敏药、晕车药等）、行李包（如双肩包、小斜挎包）等，研学旅游指导师应结合学生手册中的行前准备进行配套解读，除了提醒要准备什么物品，最好说明为什么要带，以增加学生生活常识。

请扫描本书二维码，观看某活动行前课演示文稿。

思考与练习

实操题

请各小组根据前面设计的其中一个学段的课程框架，完成行前课程演示文稿的制作。

项目四
研学旅行组织与实施

　　研学旅行课程设计方案完成后，呈现的仅仅是文本状态，而不管多么完美的方案，最终都需要接受实践的检验。研学旅游指导师所做的一切准备，都是为了研学旅行课程活动的组织实施。本项目以实践体验为主，通过案例模拟实操方式学习行前课程、行中课程、行后课程三个实施环节的工作流程和工作内容，帮助研学旅游指导师细化工作操作流程，提高研学旅游指导师的研学服务操作技巧和实践工作水平。通过本项目的学习，读者对研学旅行课程组织与实施有具体的认知，熟悉行前课程、行中课程、行后课程各个环节的组织要求、工作流程和工作内容，并通过模拟实操进行各环节工作的组织实施，了解研学旅行过程中可能会出现的突发事件，具备研学旅行服务工作中应对突发安全事件的基本能力，从而能够真正把理论与实践相结合并应用于工作中。

研学旅行组织与实施
- 行前课执行方法
- 行前物料准备
- 小组模式建立的实施方法
- 研学过程中的引导方式
- 如何组织成果展示
- 如何组织复盘反思
- 研学旅行实施服务保障
- 常见的问题及处理方式
- 行后课程的组织与执行

任务一　行前课执行方法

学习目标

- 熟悉行前课的操作要求和内容；了解行前课执行的动员与分组。

学习任务导图

```
                              ┌── 行前课目的           ┌── 着装要求
                              │                         │
                              ├── 行前课内容           ├── 体态要求
                              │                         │
                              ├── 行前课特性           ├── 语言要求
                              │                         │
                              ├── 行前课操作要求 ──────┼── 课前准备
                              │                         │
  行前课执行方法 ────────────┤                         ├── 设备调试
                              │                         │
                              │                         ├── 开场环节
                              │                         │
                              │                         └── 课程实施
                              │
                              │                         ┌── 动员学生
                              │                         │
                              └── 动员和分组 ──────────┼── 学生分组
                                                        │
                                                        └── 解答各类问题
```

🪧任务内容

在研学旅行活动出发前，学校有效地开设行前课程，能让学生提前了解研学相关课程知识，引起学生学习兴趣，为行中和行后课的完成奠定基础。行前课作为研学实践活动中极其重要的一环，承载了"先入为主"的功能，怎样的设计和组织实施能激发学生的兴趣，获得学生的好感，是需要研学旅游指导师认真思考探究的话题。

1. 行前课目的

①能够端正学生对研学旅行课程的学习态度，理解研学旅行的知识和意义，做好思想准备。

②可以让学生对准备接触的旅游资源有基本的了解，对相关知识和文化内容、背景形成总体的印象，做好研学实践课程的知识储备。

③能让学生掌握各类安全旅行和户外活动知识，了解出行应该做好的准备工作，做好课程实施的行动准备。

2. 行前课内容

（1）介绍研学目的地

对研学主题进行解读，挖掘研学目的地的特色。可介绍研学目的地及往返交通情况，以演示文稿、视频或讲解等方式展示研学目的地历史人文概况、地方文化特点、研学旅行基（营）地特点及研学课程特色、地方特产等，推荐阅读书目或视频节目，帮助学生提前了解研学地相关背景，激发他们对研学主题的探究兴趣，从内心重视并期待研学旅行。

（2）了解课程内容

目的是激发学生对研学实践活动的学习兴趣，让学生对所要学习的研学课程相关内容有初步了解，帮助学生做好研学旅行攻略。这样学生能够知道研学旅行中应该学习和观察的重点和关键内容，从而提高研学旅行实施的效率，取得更好的实施效果。

（3）讲解出行守则

针对研学旅行过程中不同场所的文明旅行行为规范，包括乘坐交通工具的文明行为规范和相关法律规定，排队入场的秩序规范，参观游览时的注意事项，博物馆、纪念馆等室内场馆中参观的行为规范，食宿以及人际交往的行为规范，以及民族地区与民族风俗相关的注意事项，等等。

由于参加研学旅行的学生往往独自外出的经验不足，缺乏相关的安全知识，因此给学生讲解安全知识非常有必要。这些知识包括交通安全知识、饮食安全知识、住宿安全知识、户外活动安全知识、自然灾害及突发事件的紧急应对措施、个人财物安全知识等。

讲解时可以先讲具体规定，再解释为什么，并辅以一些案例进行说明。如果是禁止性规定，还要给出相应解决方案。例如：在火车上不允许携带和食用泡面，原因是端着加了开水的泡面在火车上行走容易被烫伤；某次某同学没有遵守本规定，导致烫伤了自己的脚；火车上会集体安排盒饭，可适当自带一些休闲零食，最好是小包装且不会产生太多垃圾的食物。

（4）行李物品准备

在行前物资准备环节的讲解要详细，最好结合研学手册中的行前准备进行配套解读，指导学生依据物资清单认真准备。除了提醒要准备什么行李物品，最好说明为什么要带，以增加学生生活常识。

3. 行前课特性

①**目的性**　在研学课堂中，行前课程只是一个开始，它的存在是为接下来的课堂教学中的每个环节做好准备。

②**方向性**　行前课程是研学旅行的指南针，它要求抓住行程主线，找准研学课程中的重难点，使学生通过行前课程找准研学方向。

③**趣味性**　行前课程也是激发学生研学兴趣的课程，因为学生是课堂学习活动的主体，也是行前课程的出发点和归属点，所以一定要把学生考虑在内。

④**多样性**　行前课程的表现形式应该具有多样性，不仅是通过图片、文字、讲解来呈现，还可以借助其他教辅工具，使整个课堂氛围活跃。

4. 行前课操作要求[1]

（1）着装要求

行前课程是开启研学的第一课，重要性不言而喻，因此要充分准备。面对学生要有师者风范，着装要得体、庄重大方；穿着正装，这个场合不适合穿公司的工作装、户外的休闲装以及专业的户外服装；不建议戴夸张的饰品，女士可以化淡妆。总之，着装庄重一方面代表尊重学生、尊重这次行程，另一方面能够营造氛围，带领学生进入专注的状态。

（2）体态要求

建议提前模拟，彩排练习上课体态，处理好自己演讲的站位，最好能够结合演示文稿脱稿、持麦，并通过翻页笔走动式、带肢体语言地演讲，这能够向学生传达一次准备充分的美好旅程即将开启的信息。注意不要站在大屏幕的正前方，也不要盯着电脑屏幕讲解，要面向学生进行教学，面带微笑，还要注意麦克风不要挡住脸等。

（3）语言要求

讲解时要做到语言清晰准确，使用普通话教学，语速适中，语调要有高低变化，不能平

1　邓德智，景朝霞，刘乃忠主编. 研学旅行课程设计与实施 [M]. 北京：高等教育出版社，2021-09.

缓拖沓。此类介绍性的课程宜通过声音的轻重缓急、节奏变化让学生准确把握课程的重点。语言要有代入感，不宜照本宣科。要求准确表达时要使用书面用语，适当解释时要准确使用生活用语。比如，时间、地点、学习内容说明时必须规范；而解读一些操作、规则要求时就要适当地使用生活用语以便学生理解。

另外，关注学生倾听的兴奋点，能够和学生进行有效的互动。学生有参与感和获得感是重点，因此既要抓住课堂生成性的问题，又要提前预设。比如，对于行程中重要站点的历史典故、趣事，可以适当地提问，请学生回答，引出演讲者要叙述的内容等。

（4）课前准备

一节好的课程，备课教案设计很重要，但课前准备也同样重要。研学行前课程一般要提前准备，梳理演讲稿和演示文稿，整理着装，再次确定行程，准备研学课程学生手册，携带学生行李牌，核实学生分组落实情况，再次核对学生年段，甚至落实学生设计的导游旗、学生讲解器和接收器等。这一环节要注意和学校密切沟通，确保课上提的要求、分组活动等和学校的要求及前期工作能够保持一致。演讲的演示文稿和演讲稿应该提前发给校方确认，这是保障承办方和学校沟通内容一致性的重要方式，不同学校的研学课程目标、教师参与程度、学生的基础水平等差异非常大，只有深入地提前沟通交流，才能称得上有效备课。

提前和学校确定演讲场地、演讲环境和学生就座规则等。了解演讲的多媒体设备是否满足授课的需要，包括音视频的接口、操作系统等，尽早协调，避免现场忙乱。

（5）设备调试

提前抵达授课现场，这既是对校方师生的尊重，更是避免授课混乱的有效举措。提前抵达不仅可以充分地调试设备，还可以适应环境，理清思路。抵达现场后和学校工作人员有效沟通，进行文件拷贝或连接电脑设备。演示文稿要再预演示一遍，如果有视频也要预演示，避免更换操作系统或改变文件链接的物理地址导致视频播放不顺畅甚至不能播放等，影响演讲效果。

与学校再次确认上课流程、各环节时长，以及需互相配合的重点讲解内容，确定好研学课程学生手册、行李牌等的下发问题。

（6）开场环节

演讲开始后，首先要介绍自己，内容至少包括姓名和公司。介绍姓名时可以对表达方式做一些设计，以使学生记住自己。因为行前课程是研学课程的开始，让学生记住演讲者的名字可以更好地开展后续服务。此外还应该有真诚的态度和明确的授课目标，让学生知晓学习的重点，同时接纳演讲者。演讲引入环节可以利用一条视频短片，或者讲述研学目的地历史典故、名人趣事等，用有氛围、有美景、有故事的方式开篇，更能激发学生的兴趣。

（7）课程实施

关于授课内容，可结合演示文稿进行宣讲，切记要详略得当，不要平铺直叙，以免学生昏昏欲睡；不要把宣讲简单地理解为走程序，切记达到预期的教学目标。

授课的时候要结合学生的研学课程学生手册进行讲授，重点的地方提醒学生做好记录或者请学生重复重点内容。比如，集合时间、集合地点、必备物品等。

如果授课课程设计了分组活动，那么需要注意有序组织，准确表达小组活动要求，委托好小组指导师做好管理工作，注意场地安全，并巡视各小组给予指导等。

5. 动员和分组

在对学生进行研学旅行动员时，首先应全面阐述课程开设的政策背景，让学生理解研学旅行活动对个人学业发展和未来发展的重要作用。

（1）动员学生

从学业角度来看，研学旅行的学习结果将是学生综合素质评价报告的重要内容，是未来高等院校招生的重要参考依据，尤其在高校自主招生和综合素质评价招生等招生途径中，是高校评价考生是否具备自主招生或综合评价招生资格的重要条件之一。

从未来发展角度来看，实践学习永远是书本学习无法替代的学习方式，在研学旅行中开阔眼界，增长知识，提高技能，学会分析问题，掌握研究规范，能够为未来学习和工作奠定重要基础。

（2）学生分组

研学旅行是统一组织的大批量学生集体出行，如果组织协调不到位，很多活动都难以顺利开展，所以，建立团队中互相帮助、互相监督的机制较为重要。这样的帮助与监督不应仅仅来源于学校带队老师和其他研学旅游指导师，更重要的应来自学生内部的自我约束与管理。因此，指导师应当引导学生在内部主动建立管理制度，通过设立小组长、小团长、记分员、摄影师等职位来组建一个小型团体。这种组织管理方式的创新突出了学生的主体地位，为研学旅行的顺利开展创造了条件。[1]

（3）解答各类问题

可以通过发放问卷、递交问题纸条等方式搜集学生的问题，针对问题进行分类解答。回答学生关于旅行中的各种问题，如天气情况、饮食特色、风土人情等，通过学生提问了解学生需求。

思考与练习

思考题

1.行前课程的执行包括哪些步骤？

2.讲授行前课对体态有哪些要求？

---

[1]　邓德智，伍欣. 研学旅行指导师实务 [M]. 北京：旅游教育出版社，2020-08.

任务二　行前物料准备

学习目标

● 了解行前物料的准备工作，能够在研学旅行过程中准备并安排好物料分配。

学习任务导图

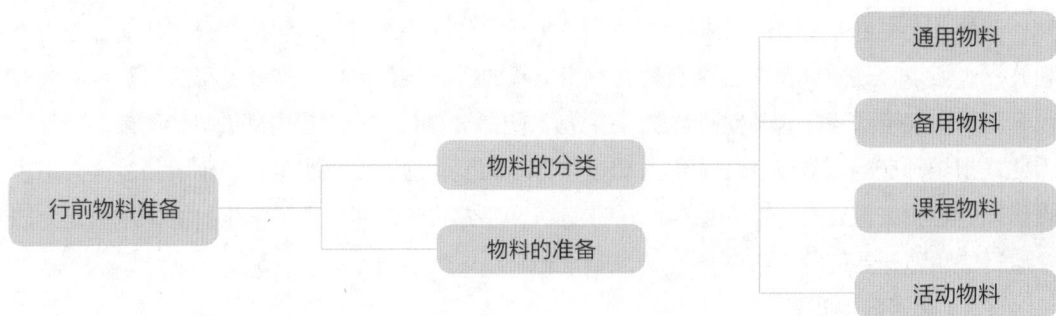

任务内容

　　准备好研学旅行所需的物料并在学习过程中使用物料，是研学旅行过程中不可或缺的一部分。前面的章节讲解了研学课程教师指导手册设计，其中就包含物料清单的设计，即对研学旅行课程活动中需要使用的物资进行归纳和统计。在行前课程准备与组织中，为了顺利推进研学旅行课程活动的组织实施，我们需要对物料、资料逐一进行落实、整理和检验。

1. 物料的分类

物料在行业内也被称为教具，是研学旅行课程活动中必不可少的物质资料。

（1）通用物料

通用物料是基本保障类物料，主要是标志性物料，如团服、团帽、旗子、车头牌等，对参与研学的人员进行统一标识，便于整队集合。要求在准备的时候保持团体一致性，有一定辨识度。除此以外还有常用性物料，包括横幅、对讲系统、指导师工作服、指导师证件、传声设备、拍照设备等，便于在工作过程中使用，准备时须检查设备是否良好；医药物料，包括常用的外用药品，如消毒物品、包扎物品、创可贴、碘伏、驱虫水、退烧贴、晕车贴等，准备时务必检查是否过期、是否符合相关标准。

（2）备用物料

主要是研学旅游指导师在本次课程执行过程中不是必须使用，但可能会使用到的物料，包括雨伞、雨衣、口罩、糖果和其他备用物品，以及课程因不可抗力而需采用备选方案时会使用的物料。

（3）课程物料

即大家常说的学习教具，包含物料工具包、任务定向单、研学手册、学习地图、素材包、课程中指导师常用的文件资料（教师指导手册、物料使用说明、出团单、名单）等。给予学生使用的课程物料要求没有安全隐患，能够正常使用，不会导致影响研学活动的问题和事件。文件资料准备时要注意是不是最新版本或最终版本。

（4）活动物料

即各活动环节使用的物料，如开营活动物料、闭营活动物料、证书、勋章、活动奖品、生日会蛋糕和礼品等。

课程物料和活动物料大多是需要定制的物品，工作人员应该按照研学课程方案的实际情况和物料清单提前准备。

2. 物料的准备

研学旅行具有团队集体出行的特点，这意味着每次出行人数众多，物料的准备工作比较复杂烦琐，须根据物料清单表逐一核对、落实。

一般由专门的工作人员根据研学课程方案和实际出行人数进行物料采购，安排项目负责人专门负责物料的分发和管理，由项目负责人和课程设计师核对无误之后，研学旅游指导师配合整理，以班级为单位进行分装打包。当物料准备完成之后，由研学旅游指导师各自领取，在领取时根据物料清单仔细核对物料的数量，逐一检查物料的质量，及时发现问题，保证所有物料可以正常使用。在领取物料和交接时，双方都要签字确认。整个物料管理过程，需要分工明确，责任到人，才不会出现混乱的场面。

请扫描本书二维码，阅读某基地物料清单（总表）和某基地物料清单（指导师用表）。

思考与练习

实操题

请各小组根据前面设计的其中一个学段的研学课程方案，准备该学段的一套物料。

任务三　小组模式建立的实施方法

学习目标

- 认识分组的意义和要求；
- 了解常见的分组方式；
- 学习建立小组文化的步骤。

学习任务导图

```
                                              小组建立的意义

                                              小组合作学习的基本观点

                                              重视小组合作的培养
                           认识分组
                                              小组的关系
小组模式建立       常见的分组方式
的实施方法                                     小组的特性
                  如何建立小组文化
                                              小组工作的价值观
                  小组文化建立工具
```

任务内容

小组学习是一种高效的学习形式，学生的自主合作和探究学习通常会以学习小组的形式来组织完成。在学习过程中，小组学习让学生由被动变为主动，把个人自学、小组讨论、全班交流、教师指点等有机地结合起来，所以在实践学习的实施中显得尤为重要。因此一定要把小组建设好，它是决定高效学习实施成功的关键。

1. 认识分组

（1）小组建立的意义

所谓小组，是指为方便工作、学习等而组成或划分的小集体。小组合作学习是指以小组为单位，共同完成某项学习任务的学习过程。在教学中，按照参加学习活动和某一项工作的人数要求而把小组分为若干学习小组，各学习小组本着自愿的原则组成，每个成员按照自己的意愿参加学习活动，同时也要承担小组的共同任务，为学习活动的顺利进行做出自己的贡献。

小组合作学习不仅可以使师生之间、学生之间更有效地进行交流，而且还可以培养学生的合作意识、团队精神，进而使学生形成良好的心理品质。在分组讨论中，学生的主体作用得以发挥，组内成员相互合作，小组之间既合作又竞争，学习热情得以激发，个体学习潜能得以挖掘，信息量得以增大，学生在互补互进中共同提高。

另外，实践证明，合作小组的科学组建和运行，加上公平合理的评价手段，能调动每个学生的学习积极性和主动性，使学生各尽其能，在原有基础上不断发展，体现了素质教育的全员性，增强了探究活动的效果，有利于学生科学实践素养的提高，有利于创新型人才的培养。

（2）小组合作学习的基本观点

①**小组合作学习的基本形式：对互动的认识**　教学的过程就是信息互动的过程，传统的认知观将信息互动看成个体在新旧知识经验的相互作用，主要通过顺应与同化建构知识。受社会文化认知理论等的影响，教学中的互动还应包括学生与物理环境的交互作用、与社会环境的交互作用。从人与环境的交互作用来看，互动主要分为三种类型：一是单向型互动，即教师将信息传递给学生；二是师生双向互动，即教师与学生之间信息的相互交流；三是生生互动，即学生之间的多边互动。鉴于学生心理发展的特点以及学生知识经验的不足，小组合作学习强调生生互动，同时，教师也应在适当时机以平等的心态和指导者的身份参与到小组合作学习中。

②**小组合作学习中成员关系：对学生与教师的认识**　小组合作学习的基础理论认为学生在走进学校之前并不是一张白纸，他们已获得了丰富的经验与知识；学生也不是小白鼠或猫狗之类的动物，他们有感知世界并进行主动思考的能力。基于此，小组合作学习突出了学生的主体地位，重视学生的主动性与能力，强调生生之间的互动，给予学生充足的时间相互切磋，共同提高。传统课堂中的许多教师工作都将由学生小组来完成，教师只充当"管理者""促进者""咨询者""顾问""参与者"等多种角色，旨在保障整个合作学习过程的顺利进行，使学生与新知之间的矛盾得到解决。在小组合作学习中，教师与学生不再是对立的关系，师生之间由原先的"权威—服从"关系逐渐变成了"指导—参与"的关系。

③**小组合作学习的结果：对知识的认识**　传统的课堂教学蕴含的知识观认为知识是客观的、确定的，是对现实的准确表征。但根据小组合作学习的理论基础，小组合作学习强调知识是一种解释或假设，它是主观的，会随着人类的进步而不断变化，会随着个体的进步而不断变化，因此，不同学习者对同一对象存在不同的理解，存在不同的语言符号和表达形式。另外，知识不仅是对客观世界的概括，还是对具体情境的再创造，知识同样也会随着具体情境的变化而不断变化。在小组合作学习过程中，学生们通过交流、讨论、完成任务等活动来获得相对一致的认识，即知识。

（3）**重视小组合作的培养**

合作学习主要是通过学生的讨论、争辩、表达、倾听及参与实践等形式来展开的。为了提高合作的有效性，必须重视合作技能的培养。

①**学会倾听**　在小组讨论过程中，要求一人先说，其他人必须认真倾听并且不能打断别人的发言，要能听出别人发言的重点，对别人的发言做出判断，并且有自己的补充或独到见解。在这样的要求下训练，学生不但能养成专心听的习惯，还能培养与其他学生相互尊重的品质，这种品质的功能也能贯穿学生的一生。

②**学会讨论**　合作学习中，学生在独立思考的基础上，再通过共同讨论、相互启发来达到合作的目的。为了提高讨论的质量，教师要教给学生讨论的方法：各组由一人汇报自学或独立思考的成果；其他成员必须认真听，并且有自己的补充和见解；最后还应将各自遇到的问题提供给全组成员讨论，对达成共识和未能解决的问题分别归纳整理，准备发言。

③**学会表达**　学生的自我表达和相互交流都离不开语言，为了让学生学会表达，教师要为学生提供讨论的时间和空间，使学生敢说、会说，培养学生善于倾听、思考、判断、选择和补充别人意见的好习惯。其次要求小组成员人人都说，而且要能大胆、完整地说，要鼓励使用礼貌用语。如对某一问题有不同看法，起来补充或纠正时可以这样说："我对某某同学的意见有补充或有不同看法。"听说技能是合作学习的基本技能，是在学生独立思考的基础上通过讨论和探索形成的。学生在合作学习中相互帮助，相互启发，实现互补，有利于促进学生的自主发展。

④**学会组织**　合作讨论的成功与否，很大程度上取决于组内的组织者，教师应适当指导组长进行组内分工，归纳组内意见，帮助学生进行评价等。另外，为了体现小组内的主体性和民主性，可通过组内投票的形式选出或及时更换组长。这种训练不但能提高学生合作学习的效率，而且能为学生今后立足社会打下坚实的基础。

⑤**学会评价**　合作学习活动中的评价不仅仅是教师对学生的评价，还包括学生之间的相互评价、学生的自我评价和学生对教师的评价等。教学中可以通过教师的范评引导学生互评，如让学生倾听他人发言后，用手势表示对或错，用准确流畅的语言评价，以增强学生评价的能力和勇气，提高评价的水平。

（4）小组的关系

①学习小组是由组员和教师组成的关系体系。在这个复杂的关系体系中，有教师和组员的互动，但更多的是组员彼此之间的互动。

②小组合作学习就是在互动过程中，通过分享、分担、支持等小组动力，促进组员态度和行为的改变。

③小组合作学习既是过程，也是组员改变的方法和手段。

④小组合作学习都有明确的目标。不同模式下的小组工作，例如任务小组、兴趣小组、义工小组、社会行动小组等，目标是不相同的。

（5）小组的特性

小组通常由两个或两个以上的人组成，具有6个方面的特性：

①一个人以上。

②组员之间有共同的目标和利益。

③组员对小组有认同感。

④组员之间相互依存和相互影响。

⑤具有社会控制的方式，如规范、准则等。

⑥形成小组的文化和气氛。

（6）小组工作的价值观

①**尊重小组成员的权利和能力**　这是小组工作的核心和基本信念。包括自我做主、自我选择、自我发展的权利和能力，以及平等、自由、公平、公正对待等权利。

②**民主参与和决策**　主要指指导师应鼓励小组成员积极参与到小组活动中来，活动的目标和活动方案应由小组成员一起策划和决定。

③**赋权的原则**　赋权是一个动态的改变，是一个能力提升的过程，同时也是从事发展工作需要实现的目标，是过程、手段也是结果。小组工作的这个价值观要求小组的目标是让小组成员实现自我赋权。

④**个别化原则**　每个组员都是独一无二的个体，都有权利和机会发展个性，都应该受到尊重与平等对待。

⑤**互助互惠的精神**　指导师的主要作用在于帮助小组成员之间建立团结合作的关系，共同实现自己制定的目标。

2. 常见的分组方式

①**兴趣分组**　小组里的成员大多有共同的兴趣爱好，感情相融，有利于培养学生的个性。如让对某一问题都有兴趣的、观点一致的或兴趣爱好相同的同学共同组建小组。

②**同质分组**　按照学生的学业水平、能力倾向、个性特征的相似性，组成同质的学习小组。这有利于一部分学生得到更多更广的思维碰撞，更利于创新意识的激发，而另一部分学生也

能树立起充分的自信心，其潜能最大限度地得到挖掘，以赢得组内其他成员的尊重和敬佩。

③**自由分组** 让学生自由组合，学生可以选择和好伙伴组成一组。

④**随机分组** 由老师通过游戏、活动等各种方式进行随机匹配。

3. 如何建立小组文化

①**要明确小组目标** 建立小组的目的是什么？这个小组要完成怎样的目标？目标很重要，因为目标就是方向。每个团队的组建都是为了完成一定的目标或使命，没有目标的团队没有存在的意义，或者说没有目标的团队也称不上一个团队。

②**确立小组成员标准** 小组的目标确定了，就要匹配小组成员，可以选择那些认同团队价值观、优势能够互补的人来组建小组。团队成功的关键在于充分发挥整体优势，实现良好沟通，提升效率，这就需要小组成员做到优势互补，实现整体大于局部之和。

③**做好小组成员分工** 小组的自我管理中，要通过角色、资源等的分配，让学生承担起个人责任并相互依赖。组内成员是一个整体，小组是一个团队，要强调集体行动，不搞个人主义，组内对于各种任务要有明确合理的分工，并且要明确落实到人。

④**建立小组内部规则** 无规矩不成方圆，一个团队如果要形成战斗力必须建立健全的游戏规则，包括岗位职责、权利的界定、小组成员沟通、交流方式的确立等。这些具有约束力的"组规"能保证一个团队的正常运行，让团队的每个成员的主动性、积极性和创造性发挥出来，使整个团队充满活力。

⑤**对外展示小组形象** 让全组成员集思广益，共同磋商，为小组取一个积极向上、富有新意的、响亮的名字和口号，以凝聚人心，形成小组目标和团队精神。

⑥**学会宽容** 宽容是一种很高尚的品质。在一个团队内部，由于每个团队成员的性格特征有所不同，考虑问题的出发点便不同，难免会产生摩擦，但每个人都应该抱着一种"对事不对人"的态度去宽容别人对自己的批评和不理解，而不能一味地引起争执，许多东西需要时间去证明，争论没有任何意义。

4. 小组文化建立工具

（1）"好团队"画像[1]

"好团队"画像用在学生正式进行合作前，帮助学生更直观地理解"团队"是什么样的。它让学生从不同的角度来思考好的团队应该是怎样的、好的团队是如何进行交流的、好的团队是如何分工的，等等，将学生对好团队的理解可视化。利用这个工具，学生可以对好团队的样子进行探讨，了解组建团队的意义与价值，并据此形成好团队画像。

"好团队"画像既可以用互动问答、表格等方式呈现，也可以用图 4-3-1 的工具图呈现。

---

1 夏雪梅等. 项目化学习工具：66 个工具的实践手册 [M]. 北京：教育科学出版社，2022-10.

在下图示例中，学生需要从教师提供的五个方面即"看上去、如何说话、如何分工、给他人的感受、愿意和怎样的人合作"来体现好团队是什么样的。师生也可以对该工具进行个性化设计，而不局限于这五个方面。

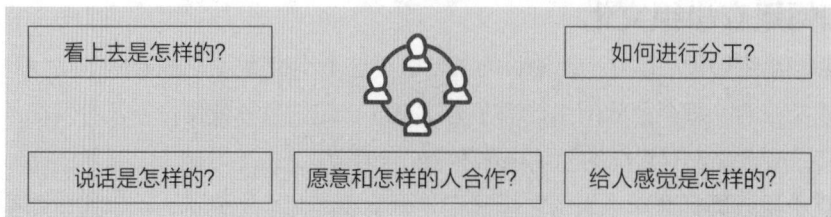

图 4-3-1 "好团队"画像示意图

（2）团队协议[1]

团队协议是学生在项目中签订的合作协议，能够明确行动方向，形成团队的共同愿景。如果说"好团队"画像是让学生初步了解什么是团队，那么团队协议就是将这些特征通过协议的方式更正式地表现出来。团队协议是"好团队"画像的升级版，它用类似"签订契约"的正式流程的形式，让学生充满仪式感地承担项目责任。

图 4-3-2 "团队协议"示例

如图 4-3-2 所示，团队协议中包含：团队名称、团队口号、团队达成的共识、团队的签名与日期。在具体使用中，学生首先需要在协议中为自己的团队起一个名字，创编口号，然后一起制订协议的具体内容，并达成共识。签订团队协议是项目组所有成员参与和达成共识的过程，也是一个重要的仪式，让所有学生理解每一个人都投入到项目中并承担项目责任是

1   夏雪梅等. 项目化学习工具：66 个工具的实践手册 [M]. 北京：教育科学出版社，2022-10.

非常重要的，每个人都应该在团队中发挥自己独特的才能。

（3）全方位价值契约

使用全方位价值契约（FVC，Full Value Contract）的主要目的是制定团队在学习工作过程中的各项规则，如图 4-3-3 所示，其内容包括互动讨论规则、团队气氛、学习期待等，这些规则需要组内所有成员共同商讨，形成共识后才能建立。全方位价值契约可用于小组在学习途中的规则约束或学后的复盘，让学生回顾自己在学习过程中是否遵守了约定，对小组团队造成了什么影响，通过小组团队的自主讨论与反思，得出解决办法，从而改变学习态度。当小组学员之间发生冲突、害怕或拒绝挑战、活动不认真时，教师也可借助全方位价值契约进行引导。

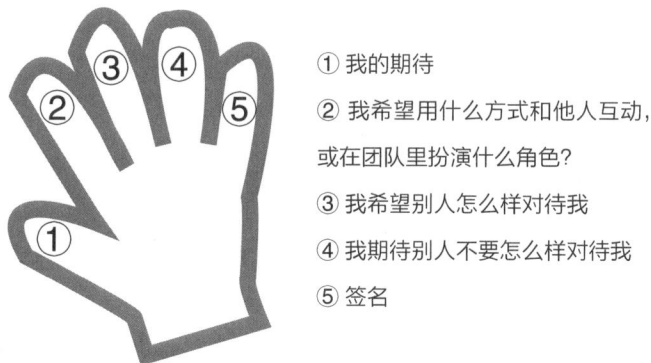

① 我的期待

② 我希望用什么方式和他人互动，或在团队里扮演什么角色？

③ 我希望别人怎么样对待我

④ 我期待别人不要怎么样对待我

⑤ 签名

图 4-3-3　全方位价值契约示意图

思考与练习

思考题

1. 研学小组建立时，要做的事情包括哪些？

2. 在实施学生分组的时候，你认为需要注意什么？

任务四　如何组织学生调研

学习目标

- 了解调研的方法；
- 熟悉调研的过程；
- 掌握调研环节的组织要求。

学习任务导图

```
                                              ┌─────────────┐
                                              │  认识调研    │
                                              └─────────────┘
                                              ┌─────────────┐
                                              │  调研的方法  │
                                              └─────────────┘
┌──────────────────┐                          ┌─────────────┐
│  如何组织学生调研 │──────────────────────────│  调研的流程  │
└──────────────────┘                          └─────────────┘
                                              ┌─────────────┐
                                              │  调研的工具  │
                                              └─────────────┘
                                              ┌─────────────┐
                                              │  调研的要求  │
                                              └─────────────┘
```

任务内容

　　在研学实践的调研环节中，学生不是无目的地参观，不是"走马看花"和"拍照打卡"，而是在研学任务引导下，有明确的学习目的和方向。调研环节通过任务的驱动和引导，为学生提供调查的工具、线索和资讯，使其进一步深入探究，开启发现新知识之旅。

1. 认识调研

调研，是调查研究的简称，指通过各种调查方式系统客观地收集信息并研究分析，为决策做准备。研学实践中的调研环节，则是以学生小组为单位，有计划地前往各功能区进行自主探究和学习，获取所需的资料素材并进行分析处理，为完成项目的驱动任务做准备。

2. 调研的方法

在平时的调研工作中，会运用到各种各样的调研方式，选择合适的调研方法，会直接影响到调研工作的开展以及最终成效。

①**问卷调查法**　通过设计调查所用的问题表格，以书面调查的方式，达到调研目的。

②**文献调查法**　顾名思义，就是搜集和摘取相应的文献，从而获取有关调研对象的信息。

③**实地观察法**　调查者通过现场实地观察的方式，对调查要点进行观察、记录，以收集信息。

④**访谈调查法**　将拟调查的事项以当面、电话或书面的方式向被调查者提出询问，以获得所需资料。

⑤**抽样调查法**　从调查总体中抽取部分样本进行调研。

⑥**统计分析法**　对固定的统计报表进行分析，从而得出调研结果。

在实际的调研工作应用中，一般不局限于某种特定方法，而是相互交错、灵活地运用这些方法。

3. 调研的流程[1]

进入学习场地后，我们要依据课程方案向学生说明参观学习线路、时间安排及学习重点，让学生充分熟悉学习环境，对学习内容形成整体的认识，随后再开展实地调研学习。

组织参观调研的过程，一般包括集中讲授和自主调研学习两个部分。前者要求学生集中，主要用于讲授本次活动的重点内容，研学旅游指导师要随时观察学生反馈，抓住学生现场生成的鲜活问题进行讲授。同时，研学旅游指导师在整个过程中和关键节点处要提醒、强调学生跟紧队伍、认真听讲、注意安全等。后者要求学生分散，这一部分留给学生进行自主调研学习，以及完成学生手册、学习地图等学习任务。更注重调动和发挥学生的主观能动性，以学生自身行动力为主，在组织时要掌握一定的原则，以确保活动顺利开展，主要有以下三个原则：

①**流程规范**　在活动进行时必须规范地执行活动流程，这需要在课程开始前详细地说明规则和流程，在课程执行中监督并按规则进行，在课程结束后的点评也要和规范结合起来，

1　邓德智，景朝霞，刘乃忠主编. 研学旅行课程设计与实施 [M]. 北京：高等教育出版社，2021-0.

这样才能保证学习效果客观有效。

②**时间合理**　指在活动进行中要准确把握活动的进度，合理安排学习内容的时间分配，由于活动很大程度上是学生自己推进，所以很容易出现学生在某一个环节过于浪费精力和时间的现象，这就需要研学旅游指导师时刻提醒学生注意时间的合理分配，并且把精力用在重点的学习内容上。同时要提前明确告知集中的时间和地点以及安全注意事项等。

③**指导及时**　在自主调研学习中，学生有很大的自由度，面对众多的展品必然会产生很多问题，另外在学习知识的过程中也可能遇到困难，这时就需要研学旅游指导师及时出现并加以指导，第一时间给予帮助。

这两个部分安排的时间长短，要提前和场馆讲解员、校方沟通好，便于后续衔接和准备。

4. 调研的工具

在研学实践的调研环节中，为了达到更好的学习效果，会根据课程实施内容，匹配一些辅助的学习工具，如学习地图、学生手册、线索卡、任务卡、调查表等。

5. 调研的要求

首先，要把学习和提高贯穿调研过程始终。调研的过程，就是学习和提高的过程。接到调研任务时，学生往往对调研对象一无所知，或知之不多、知之甚浅，最多是熟知而非真知。通过调查前、调查中和写作过程中的学习和思考，边学习边调研，边调研边学习，逐步由不知道到知道，由知之不多到知之甚多，由熟知到真知。

其次，要把实事求是原则贯穿调研过程始终。对于调研工作，必须实事求是。离开了实事求是，调研信息会显得虚假而苍白无力，对调研成果便有害无益。

再次，要把创新创造贯穿调研过程始终。调研工作的目的在于研究新情况、解决新问题。因此，在研学实践的调研过程中，要引导学生分析新情况，发现新问题，提出新对策。在结果形成过程中，鼓励学生敢于创新交流模式和语言表达方式，多提出新观点、新论断、新建议。

最后，要把学习效率贯穿调研过程始终。在研学实践调研过程中，要保证活动环节的时效性，教师需关注和把控好时间，适时为学生提供引导和协助，提升学习效率。

思考与练习

思考题

1. 哪些调研方法适合用在研学活动中?

2. 在调研学习环节，如何调动学生的自主积极性?

任务五　研学过程中的引导方式

学习目标

● 理解引导与教导的差别；清楚引导的时机和场景；学习团队引导的技能与工具；认识引导中的三大学习方向。

学习任务导图

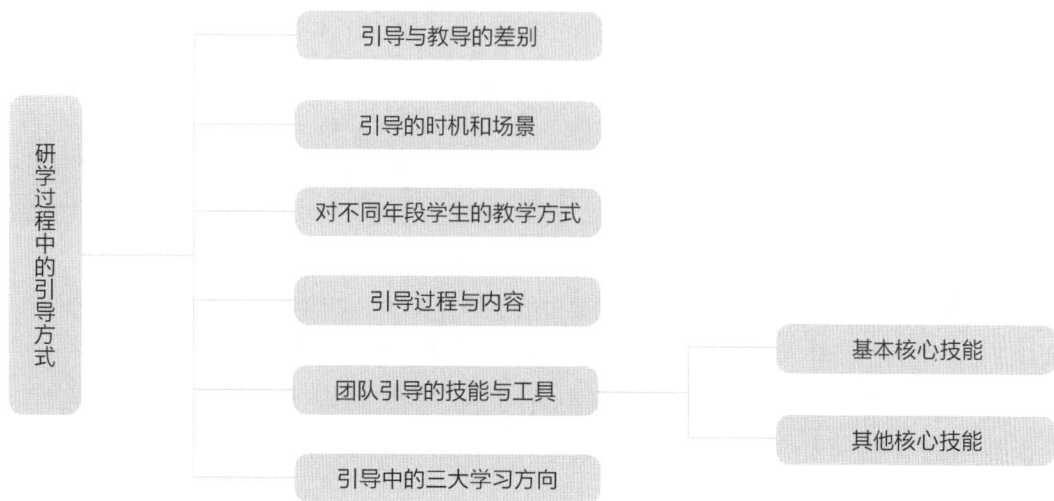

```
                              ┌─── 引导与教导的差别
                              │
                              ├─── 引导的时机和场景
                              │
研学过程中的引导方式 ──────────┼─── 对不同年段学生的教学方式
                              │
                              ├─── 引导过程与内容
                              │                        ┌─── 基本核心技能
                              ├─── 团队引导的技能与工具 ┤
                              │                        └─── 其他核心技能
                              │
                              └─── 引导中的三大学习方向
```

任务内容

引导是一种领导风格，让团队成员拥有决策的权力，这样引导者也能够更加聚焦在创建团队协作氛围、提供架构和工具、促进团体有效互动上。引导者不提供解决方案，但他们为团体提供结构化工具，通过这些工具，大家能够找到解决方案；引导者参与会议，一步步协助大家讨论，鼓励大家达成共识。在这个过程中，需要引导者注意引导的方式与技巧。

1. 引导与教导的差别

教育界有句话叫"教育是为了非教学"。这句话的意思是，教育者之所以要教育他人，是为了引导他们学会如何学习，培养自我学习的能力，这也就是人们常说的"授人以鱼，不如授人以渔"。教授捕鱼的方法要远比直接给人鱼重要，因为学会方法是源源不断的财富。因此，引导和教导的区别在于：引导是教给学生方法，启发学生的思维，重在锻炼学生自己思考和动手的能力，达到举一反三的效果；教导是教学生某件事怎么做，直接把方法告诉学生，但可能会限制了学生的思维，对思维能力的锻炼不如引导效果好。

引导者的角色有点类似于裁判，裁判不是上场的球员，其工作就是观察大家的互动，而不是参与其中。引导者帮助大家确定目标，确保大家的互动有效；他们提供一系列的活动，感知研讨的氛围和节奏；他们知道什么时候该继续、什么时候需要小结一下。引导者始终保持讨论聚焦并最终达成结论。引导者始终保持对讨论内容的中立，也就是他们不干预参加者的决策权。

2. 引导的时机和场景

教师的有效引导是指教师能在教学过程中把握好自己的角色和地位，能最大限度地发挥主导作用，直接影响和制约着学生主体作用的发挥。

①当学生不能围绕研究问题展开行动时，教师需要进行引导。学生能够解决的问题，教师不应干预学生的思维过程，只需要在学生做出肯定的判断后做适当的总结，将这一成果进一步强化。如果学生的思考遇到了"坎"，教师应该把握时机，及时适当地提醒，为学生铺设一座桥梁，让学生跨"坎"而过。

②当一项新的研究活动开始时，教师要进行引导，使学生明确要做什么以及怎样合作。明确了活动的目的，学生就有了探究的方向，注意力就会更集中，思维才会更加深入。

③当交流中学生词不达意时，教师需要进行引导。学生因知识水平有限，很多时候往往会说出自己能明白别人却很难理解的话语，这时候教师就要适时地给予点拨，帮助学生清楚地表达自己的意思。

3. 对不同年段学生的教学方式

由于思维方式和能力的差异，不同年龄阶段的学生在学习心理、认知规律和特点上存在很大差异，教育引导的方式也需要有所区别。年龄越小，思维方式越简单，兴趣爱好主要是基于好奇心和新鲜感的感性认识；随着年龄的增长，思维方式和能力会逐渐提高，学生的兴趣爱好逐渐从单一的感性向感性和理性结合转变，情感因素也会随之增加。

孩子心理会随着成长而变化，各个时期会呈现不同的心理特点，掌握孩子心理，会让师生间沟通更顺畅和有效。

4. 引导过程与内容

在团队引导中，人们最常提到的词就是"过程"与"内容"，"过程"指的是"如何交谈"，而"内容"指的是"交谈什么"，它们代表了人际互动中的两个维度。

"内容"是指大家要谈论的议题，是很容易被识别出来的，也很容易吸引参会者的注意。比如，要讨论的工作任务、要解决的问题。

讨论的"过程"是大家采用怎样的方式来谈论"内容"，它有不同的方法、流程和工具。"过程"还包括人际互动的形式（一对一交谈、小组交流、大组分享等），也包括团队动力和团队的氛围。"过程"是隐性的，人们常常关注"内容"，却忽略了对"过程"的关注。

如果有人在讨论中提出自己的观点，想去影响大家讨论的产出，他们就是在扮演"内容领导者"的角色。而引导者聚焦于参会者的互动，并为之提供相应的互动工具，因此就是"过程领导者"。

引导者在大家讨论的内容上有所偏好，但在选用什么过程工具方面却是很坚定的，这种坚定有助于处理交流中的冲突，做到有效干预，帮助团体走出卡壳状态。

团队引导初看起来像一套"温和又模糊"的方法，其实在引导者的工具箱里，有大量结构化的过程性工具供大家使用。当引导者能够熟练运用这些方法和工具的时候，团队的总体效能就能够被提升。

5. 团队引导的技能与工具[1]

作为一个团队引导者，需要掌握很多核心技能与方法。在这里，方法主要指过程性工具。核心技能是引导者必须掌握的，体现在整个引导过程中的每个引导行为中，包括：

- 在内容上保持中立；
- 积极倾听；
- 提问；
- 复述；
- 归纳总结；
- 记录大家的想法；
- 激荡和整合想法；
- 检查假设；

 …………

———————————

1　（美）本斯（Bens, I.）著，任伟译. 引导：团队群策群力的实践指南：第3版 [M]. 北京：电子工业出版社，2016-04.

引导者还需要过程工具箱，其所包含的都是结构性的引导工具，包括：头脑风暴、多项投票、问题根源分析、决策矩阵、评估调查表、KJ 法等。理解和运用这些工具是引导者必备的能力。

（1）基本核心技能

无论参与怎样的会议或讨论，无论使用什么过程工具，引导者都要运用好核心技能，其中前 5 项是最基本的，下面进行重点介绍。

①在内容上保持中立　在内容上保持中立是引导者最核心的一个特质。引导者保持对讨论结果的中立态度，只提供讨论结构，创造良好的合作氛围。引导者可以提问，也可以给予帮助性建议，但他们都不强迫大家接受自己的观点或影响大家的决策。

②积极倾听　倾听的目的主要在于理解而非评判。在聆听的过程中，引导者通过肢体语言表明对对方的关注，而且还要和对方保持目光的接触。引导者能够运用目光对讲话的人表示肯定，也能对不善发言的人给予鼓励，鼓励他们参与。

③提问　善于提问是引导者的重要能力。通过提问，可以检测参加者观点背后的假设，发现隐藏的信息，质询假设是否可靠，促进大家达成共识。有效的提问能够帮助大家透过事物的表面现象，找到其根本原因。

④复述　在团队引导过程中，引导者不断通过复述的方式澄清发言者的真实意图。复述是把发言者刚刚讲过的话再重复一遍，一方面是向发言者确认他的话被听到，另一方面也是让其他人更加明白发言者的意思，并有机会进一步澄清。

⑤归纳总结　引导者在每次讨论结束时都会总结一下参加者分享出来的想法，这样可以确保大家的想法都被听到和准确理解。在讨论过程中，引导者也会时不时归纳总结一下，回顾一下主题。总结可以用来启动一个未完结的讨论，也可以让大家重温一下已经讨论过的要点，激发新的想法。在很多决策过程中，当引导者给大家一个清晰和准确的要点总结时，共识就在形成。

（2）其他核心技能

除了以上 5 项最基础的技能之外，还有以下核心技能：

①记录大家的想法　为方便大家结束讨论之后更好地进行思考和复盘，引导者要能够快速和精准地记录下大家的所说。无论用白板还是电子白板，引导者要用心地记下大家的关键话语，并能够有效地分类整合。

②激荡和整合想法　引导者能够在团体中引导大家相互激发想法，在一个不需要做决策的讨论中，这样做可以构建一个彼此加持的场域；在一个要做决策的讨论中，这项技能能够促进每个人在其他人的想法中加入自己的观点，最终形成大家都认同的决定。

③保持会议聚焦　当大家的讨论偏离主题，或者讨论不聚焦时，引导者要能够注意到并巧妙提醒大家。引导者可以将一张作为"停车场"的白板纸贴在墙上，讨论者可以把想讨论的其他议题写在"停车场"上，供以后有时间再讨论。

④检查假设　引导者会厘清一些大家都需要明白的基本假设，如授权等级、限制条件等。引导者会留意大家容易相互误解的情境。一般情况下，大家内心都有不同的假设，引导者要

小心探询，让这些假设浮现出来。

⑤**管理团体氛围** 引导者需要协助团体建立行为规则。当觉察到有人未能遵守团队的约定，引导者可以巧妙地借助全方位价值契约等进行干预。

⑥**检查会议过程** 当团体的效能开始下降，引导者就会巧妙地干预，暂停大家的讨论，和大家核对一下交流目的是否仍然清晰，讨论过程是否依然奏效，讨论的节奏是否合适，引导者也会确认一下参与者的感受如何。

⑦**给予并接收反馈** 引导者要对整个整体保持感知，就像一直在把脉。引导者会给参与者反馈，协助他们做出调整，同时也欢迎参与者给引导者反馈哪些部分需要调整。每次讨论结束的时候，引导者都会收集大家的评估和反馈，可以是评估表，也可以是调研表，进而帮助大家不断提升，争取下次做得更好。

6. 引导中的三大学习方向

在学习活动中，团队成员通过交互作用完成一个共同的目标，并从中获得共同的利益需求。"领导力三环模型"也被称为 TTI 模型，三个字母分别代表 Task（任务）、Team（团队）、Individual（个体）。TTI 模型指出：在学习或工作团队中有三种彼此融合的需求（见图 4-5-1），三环各代表其中一种需求，三环之间彼此影响，互动的结果可正可负。

例如：团队任务的完成，会提升团队士气，发展团队成员的个人能力，拉近团队成员间的距离，增强团队成员的身份认同感；如果过于强调团队任务的完成，而以牺牲另外"两环"为代价，虽然可能会在短时间内达成任务目标，但是会损害团队自身的发展，并导致团队成员个体发展受损，最终导致团队解散或重组。因此，团队领导者应该对团队发展的三种需求同时给予关注。

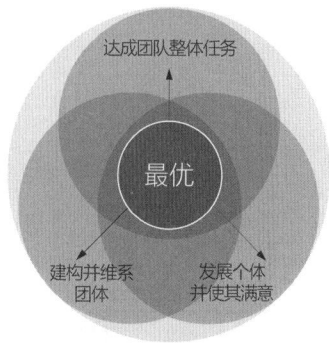

图 4-5-1 领导力三环模型

现实中的体验学习大多数是以团队的形式完成的，因此学习和掌握该模型为我们观察、分析团队在体验学习过程中的表现提供了很好的框架；在引导过程中，可以使用这个模型并结合引导工具，为学习者的反思提供清晰的路径。

思考与练习

思考题

1. 在研学过程中，哪些场景需要介入引导？

2. 给学生做引导的时候需要注意什么？

任务六   如何组织成果展示

学习目标

• 了解成果展示的形式与流程；掌握成果展示的组织实施。

学习任务导图

```
                                          ┌─────────────────────┐
                                          │   成果展示的形式      │
                                          └─────────────────────┘
┌─────────────────────┐                   ┌─────────────────────┐
│   如何组织成果展示    │───────────────────│   如何组织成果展示    │
└─────────────────────┘                   └─────────────────────┘
                                          ┌─────────────────────┐
                                          │   成果展示要求事项    │
                                          └─────────────────────┘
```

任务内容

　　研学课程成果展示成为近几年来学校越来越重视的用来衡量研学课程质量好坏的指标之一。研学课程成果在一定程度上反映了学生研学课程收获的多少，形式丰富的、能够物化并进行展示的研学课程成果也是最受学校欢迎的。因此，我们必须理解掌握研学成果展示环节的组织实施。

1. 成果展示的形式[1]

　　在研学实践中，由于活动主题不同，活动的过程和方法会有所差别，而在同一活动中，

1　邓德智，景朝霞，刘乃忠主编. 研学旅行课程设计与实施 [M]. 北京：高等教育出版社，2021-09.

不同的探究者也会有不同的体验、发现。因此，成果展示的形式可以灵活多样，既要符合活动的主题，又要能反映学生的独特体验、收获。

学习成果亦称"学习结果"，指人们通过学习所获得的可以实现人的各种行为的能力。美国学习心理学家加涅等人通过对人类为满足社会需求而产生的一系列活动的分析，归纳出五个能力范畴：言语信息、智力技能、认知策略、动作技能和态度。根据这一概念，我们可以把整个研学旅行过程中所产生的学习成果用最粗化的线条分为两类：

①**固化类课程成果**　指能够以物质方式呈现的课程成果，包括学生手册、观后感、研学日记、绘画作品、诗词散文、摄影作品、雕塑作品、视频作品、手工艺品、调查报告、工作方案、总结报告等。

②**动态类课程成果**　指学生通过一定方式表达思想的成果展示，比如交流分享会、知识竞赛、文艺演出等。

可以说，凡是在研学旅行课程组织实施过程中能作为载体展示以上五个能力范畴的形式，都可以作为成果展示的形式。以上两类成果组成了课程学习成果展示的素材，那么这种成果展示一般在什么时候、什么地方进行组织？

①**研学活动现场展示**　针对学生研学任务的完成度进行的可视化表达，一般是在研学旅行过程中进行现场展示，例如：项目与应用设计类型的主题任务，应以展示介绍作品（模型、小制作、小创造、设计图）以及团队的探究过程为主进行分享。

②**行后总结课展示**　主要指研学旅行结束后，学校所组织开展的总结活动，包括总结、交流、评价等，对学习成果进行加工编辑，让学生进行展示、呈现和分享，使研学的历程变得更加丰满，以达到更好的学习效果。

2. 如何组织成果展示

研学成果展示的实施，一般以班级为单位，主要有以下几个步骤：

①研学旅游指导师讲述成果展示流程与规则，做好纪律的宣讲。

②各小组通过游戏或活动，决定上台展示的顺序，鼓励每位成员都上台亮相表现。

③上台展示汇报的小组，呈现成果作品，可结合学习地图进行分享，内容包括研学过程中的小组分工、过程方法、思考讨论、作品的创意理念讲解等，须做好时间的把控。

④对小组成果作品进行投票和打分，研学旅游指导师根据各小组的展示情况进行点评，并提前设置好评比评分的标准。

⑤评选出小组排名，颁发相应奖励，并组织学生进入下一个环节。

3. 成果展示要求事项

（1）展示效果要自然真实

①**学生真实展示**　研学实践活动的评价重在学习过程，重在亲身参与探索性实践活动获

得的感悟和体验，成果展示只是把这些体验的结果和他人进行交流，起到取长补短、共同学习、激励探索的作用。教师要善于引导学生把在活动过程中获得的亲自参与研究和探索的积极体验以及自己的发现和作品真实展示出来。

②**学生自主准备**　活动成果的展示方式由学生自己决定，应该是学生内心对活动的感受的一种真实反映，是一种真实情感的自然流露，切忌把成人化的语言强加给学生。

③**教师适当协助**　教师在展示中千万不要有过多的干预、预设。让学生"我口说我心，我手做我事"。如果学生不太会展示，教师可引导学生从哪些方面进行展示，把大致的思路或方法说给学生听，让学生在实践中自己去摸索。

（2）展示结果要立足发展

研学实践活动的真正主体是学生，我们的职责是精心地为他们创设各种有利于实践的环境。除了"作品""成果"的质量高低，我们更应关注的是：学生实践了没有，经历了没有；学生在活动过程中发现了什么问题，他们又是如何想方设法地解决问题的；学生在实践中获得了何种体验；学生在实践中是怎样与他人交往和合作的；学生在活动过程中是否产生了个性化的创造性表现。

一节展示课的成功与否，在于学生个体是否成长，而不是定量的结果，哪怕收获是点滴的，教师也应给予一定的肯定和鼓励，这样才能给学生进一步投入的信心和勇气。

思考与练习

思考题

1. 学生小组在进行成果展示时，主要展示什么内容？

2. 你认为还可以有哪些展示成果的方式？

任务七　如何组织复盘反思

学习目标

- 学习组织复盘反思的流程与工具；
- 掌握复盘反思的实施方法。

学习任务导图

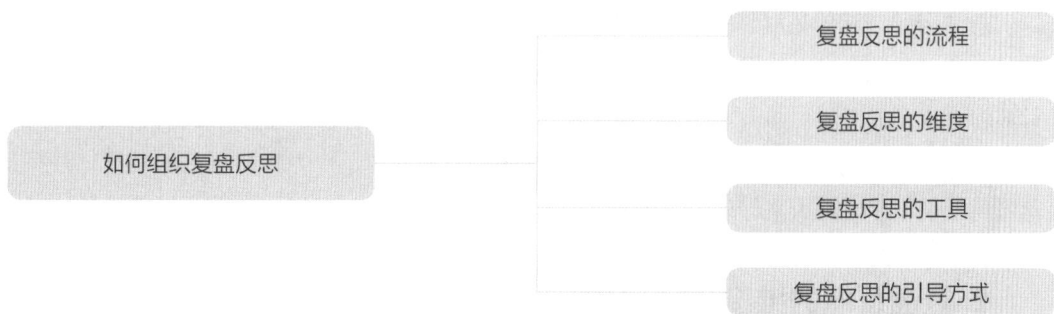

任务内容

复盘是个人学习与能力提升最有效的方式与途径之一。如果能够把自己的每一段实践经历、每一项任务、每一次挑战都变成学习机会，可以有所收获，促进自己的能力提升。而要想把信息转化为自己的能力，离不开个人主动的理解、实践及之后的分析、总结，也就是复盘。学习了解复盘反思的流程和工具，能够帮助我们更好地掌握和组织复盘反思。

1. 复盘反思的流程

项目化研学实践活动中的复盘反思，有别于现实中的工作复盘，基本步骤可以总结成：

回顾场景与知识、分享收获与感受、引导分析与思考、延伸拓展与应用。

（1）回顾场景与知识

回顾自己在活动中的行动，在本次活动中都学了些什么、做了些什么，和团队的伙伴相处如何，关注点是哪些，遇到困难是如何解决的，当时是怎样的想法等。

（2）分享收获与感受

根据场景进行回顾，分享自己的收获与感受，是否达到了当初的预想目标，在活动过程中发现了什么问题，别人是怎么做的，如何评价自己的表现，能否做得更好等。

（3）分析原因

分析原因是复盘最主要的环节之一，直接影响到学生能从复盘中学到什么、学到多少。在研学活动过程中，我们做对了什么，我们做出了哪些好的结果，成功背后的关键因素是什么；我们有哪些不足，失败背后的因素是什么，我们在哪一步可以加以优化。在此环节需要注意，成功因素需要重点做客观分析，失败原因需要重点做主观分析。

这一步的关键动作是对比、分析、反思，找出事件中的利弊得失、亮点与不足，并分析其根本原因，把握关键，不只是看到表象，更要把握本质，做到"知其然，知其所以然"。事实上，只有找到关键因素，才能进一步提炼，形成经验或教训。

（4）总结经验与延伸拓展

总结经验与延伸拓展是复盘的最后一步，如果说前面三步分别是耕耘、播种、浇灌的话，这一步就是收割。这一步的核心在于，将得到的经验或技能应用于未来的实际学习工作中，针对的是未来的实际行动。

因此，我们需要将复盘的所有信息，概括成经验和规律，作为本次复盘的结论，并将其落脚到未来，以促进未来行动的改进。

2. 复盘反思的维度

研学实践活动中，各小组暴露出来的问题都不一样，可能是团队协作的矛盾，也可能是个人行为的问题，还可能是任务执行的不完善。所以研学旅游指导师要通过观察，了解掌握每个学生小组的情况，分析各小组在哪个维度的问题比较突出，有针对性地进行引导解决。

团队方面的反思，可以结合FVC全方位价值契约进行引导，比如：

①你在团队中的角色定位是什么？

②活动当中有冲突发生吗？为什么会发生？你是如何处理的？

③你的队友做了哪些事情来帮助你克服困难？

④项目过程中，你给他人提供过哪些帮助？

⑤在项目中，你有没有认真倾听他人的意见？

⑥活动前后，团队是否有所改变？改变的原因是什么？

…………

由小组共同确定一个问题来进行分析，每个人都发表自己的看法，可以借助 KJ 法，厘清分析原因，然后进行讨论总结，形成大家一致认可的观点。

个人方面的反思，可以从自身认知、活动参与、发展目标等角度进行引导，比如：

①你觉得自己有投入团队吗？你是如何参与团队运作的？

②在项目中，你最专注、最享受的是哪一时刻？最不喜欢的是什么？

③在项目中，你觉得让自己收获最多的是哪个瞬间？为什么？

④你觉得活动中最有趣或最有价值的是什么？为什么？

⑤在项目中，让你最有成就感的是什么事情？

⑥活动中你面临的最大的挑战是什么？你是如何应对挑战的？

⑦在项目过程中，你发现自己的优势和弱点分别是什么？

⑧与队友出现分歧或自己的发言没有被接纳时，你是如何处理不良情绪的？

⑨你达到自己预先设定的目标了吗？你有对目标进行过调整吗？为什么？

…………

可以书写一个自我总结，并对小组同伴写一个总结评价（"我眼中的同伴"），再和同伴进行交换，最后结合小组同伴对自己的评价与自我总结，来更好地认识自己。

任务方面的反思，则是针对研学任务的回顾与分析，深挖执行过程中的各个环节，找出不足及原因，最后形成经验教训和总结。在学习过程中可以结合学习地图，提出问题并进行引导，比如：

①如何产生更多的创意？每个创意都有用吗？

②团队在讨论的时候，要注意什么？讨论事情需要方法吗？

③当伙伴提出很多想法的时候，如何选择一个方案来执行？

④执行任务（或解决方案）的时候要注意的是什么？

⑤团队如何分配工作？分配的依据是什么？

⑥创作的作品质量如何？重不重要？

⑦刚才把活动任务问题说明完之后，大家做的第一件事情是什么？

⑧执行输出的内容和状况与你们讨论的方案一致吗？为什么？

…………

可以借助 KJ 法，每人用便笺纸写下印象最深的任务事件，小组内轮流进行分享，再票选出一个事件，运用 KSS 法来分析：

Keep doing：什么是可以保持的（效果比较好的方式、方法）；

Stop doing：什么是需要下次避免的（杜绝、禁止的行为）；

Start doing：什么是下次可以尝试的（新的发现或想法）。

3. 复盘反思的工具[1]

反思是指在项目的关键节点，对之前的项目过程进行回顾，总结经验，以便更好地进行下一阶段的学习。反思工具的融入有助于学生对自己的学习情况、收获进行反思，也能帮助教师了解学生的进展，以便及时调整教学安排。

（1）工具："今天我学会了……"

"今天我学会了……"是一个灵活、简单的反思工具，只需要花费几分钟时间就可以完成使用。它既可以让学生反思所学，又不耗费太多时间。学生只需要回答一个简单的问题，即"今天我学到了什么？"或者"今天我学到的最重要的东西是什么？"它既可以为学生提供一个思考的机会，从所学知识中识别出重要且有意义的内容，又可以帮助教师了解学生在本阶段学到的内容以及他们暂时没有掌握的内容，便于教师及时帮助有困难的学生，调整自己的教学计划。

今天我学会了_____

_____

_____

与该工具类似的还有以下句式：

- 我不明白……

- 我想学到更多……

- 我有一个问题……

- 我今天学到的三件事是……

- 今天让我感到惊讶的是……

- 我对……仍然感到困惑

- 项目完成得最好的部分是……

工具的使用流程如下：

①**教师讲解规则**　教师将"今天我学会了……"工具发给学生，说明规则，包括回答问

1　夏雪梅等. 项目化学习工具：66 个工具的实践手册 [M]. 北京：教育科学出版社，2022-10.

题的时间限制和应答方式（口头或书面）。

②**学生进行回答**　教师要求学生根据"今天我学会了……"这一句式，说出或写出自己今天在项目中的收获。

③**教师分析学生回答的内容**　通过学生的口头或书面回答，分析学生掌握了哪些内容，哪些内容还需要进一步讲解。

④**分享**　如果是书面形式，张贴所有学生书写的内容，便于学生互相学习交流。

该工具适用于幼儿、低年段的学生，或者刚刚接触反思的学生。如果时间比较紧张，可在当天课堂结束前的 5 分钟内使用此工具。该工具适用于日常的反思，以培养学生在反思中学习的习惯。

（2）工具："我原来认为……，现在我认为……"

"我原来认为……，现在我认为……"是一种促进学生进行个人反思的工具，使用此工具可以了解学生的想法是如何随着时间的推移而改变的。该工具用对比的方式呈现学生原来的想法及现在的想法，还可以增加中间的阶段，让学生列出想法的多次变化。在使用该工具时，还可以对学生追问"是什么改变了你的想法"，让学生提供证据说明其想法为什么改变或者是怎样改变的。该工具重点培养学生前后对比的反思能力。

```
        我原来认为_____，现在我认为_____。

                    是什么改变了你的想法？
                    ·············
```

该工具包含三个部分，组合起来能够完整地呈现学生的思维路径。

- 我原来认为：来自以往的概念，帮助学生激活自己的先验知识。
- 现在我认为：学生通过学习后对原有知识或想法的新认识。
- 是什么改变了我的想法：学生对想法改变原因的陈述。

工具的使用流程如下：

①**教师讲解规则**　教师将"我原来认为……，现在我认为……"工具发给学生。说明规则，

包括回答问题的时间限制和应答方式（口头或书面）。

②**学生进行回答**　教师要求学生根据"我原来认为……，现在我认为……"这一句式，说出或写出自己在项目中的认知、想法的变化情况。

③**教师分析学生回答的内容**　教师通过学生的口头或书面回答，分析学生对某一内容的理解情况。

④**分享**　如果是书面形式，张贴所有学生书写的内容，便于学生互相学习。

该工具一般适用于学生学习新概念或新能力后的对比反思。关键是让学生真实地呈现自己的想法，并且认真思考自己想法变化的原因。

（3）工具：反思 4F

反思 4F 是一种动态引导反思法，来源于英国学者罗贵荣提出的"动态回顾循环"引导技巧，其中四个 F 对应的提问重点是指：事实（Facts）、感受（Feelings）、发现（Findings）、未来（Future）。如图 4-7-1 所示，反思 4F 以扑克牌的花色说明反思的内涵，引导学生从经验中学习，是一个结构化的反思工具。

反思 4F 可以用图示引导学生思考，也可以转化为表格，供学生回答填写。反思 4F 工具主要包括以下方面：

未来（Future）：梅花 / 三叶草
可能性、期待、愿景、计划、行动

发现（Findings）：黑桃 / 铲子
挖掘、澄清、探究、关联

感受（Feelings）：红桃 / 红心
内在感受、情绪、喜怒哀乐

事实（Facts）：方块 / 钻石
多角度、多观点、发生的事件、感官的

图 4-7-1 反思 4F 工具

①**事实**　方片花色代表事实有很多面，引导学生通过不同角度观察和描述客观事实。如：你听到了什么？看到了什么？你做了些什么？花了多少时间？你印象中最深刻或对你影响最大的是什么？

②**感受**　红心花色代表个人的感觉和情绪，唤起学生对客观事实的情绪、感觉和联想。如：你有什么样的感受？什么让你感觉有趣、沮丧或受到了鼓舞？你经历了哪些情绪起伏？你觉得你什么时候的参与或共鸣最多或最少？某件事让你想到了什么？

③**发现**　黑桃花色代表探寻内心的一把铲子，引导学生从众多事实、感受、反应中抽丝剥茧，进行含义、意义和价值的归纳。如：是什么让你有这样的感受？这样的感受是否有助于或阻碍你在项目中的学习？在以往的项目中你是否有类似的感受？你归纳出了哪些重点知识与技能？你学到了什么新的内容？你发现这个项目对自己或团队有什么启示？

④**未来**　多瓣的梅花代表多向度的前瞻思考，引导学生思考如何把经验转化和应用在未来的生活中，包括制订行动计划，预测未来，思考可能性，描述选择、想象成梦想。如：你

要如何应用所学知识？经历了这个项目，你想做什么改变？如何通过努力使项目中不理想的部分得到优化？ 如何发挥你在项目中的优势部分？有什么需要进一步验证的？

工具的使用流程如下：

①**教师准备工具** 根据项目实情，教师在反思 4F 图例的基础上，拟写与项目密切相关的各个花色的问题，做好表单。

②**教师介绍工具** 教师向学生介绍该工具，说明反思 4F 的功能和使用方法。

③**学生进行回答** 学生根据教师提供的反思 4F 表单进行回答，既可以从"事实"中的问题切入，也可以从任何一个 F 开始，优先选择自己感受最深的那个 F。

这一工具不仅可以用于学生的项目反思，同样也可以用于教师在项目实施结束后的反思。因为这是一个既深入又关注反思者内心真实感受的反思工具，因此在使用时需要留出足够的时间，一般建议用在项目结束后的深度反思中。

4. 复盘反思的引导方式

中国有句古话叫"失败是成功之母"，我们如何从失败当中吸取教训，避免在同一个地方跌倒两次，把失败变成好事呢？

我们的研学课程通过一系列体验式活动的设计，让学生有更深刻的体验，而体验之后如何正确地引导学生进行复盘反思，是我们课程的关键所在。我们不只关注学生取得的学习成果，还要更进一步关注学生个人感受、行为和认知的改变。作为指导师，当学生出现困惑或在实际体验中碰到困难时，我们该怎么去引导学生复盘反思呢？可以从以下几方面进行引导。

(1) 倾听

当学生在和我们探讨自己的想法或遇到的困难时，我们需要做的是停止说，只是倾听，可以适当引导学生回答"你能给我举个例子吗？还有吗？"之类的问题。当学生表述完之后，问问他们是否愿意听我们说。分享后，可以思考解决问题的方法。

案例分析

在一次社区研学活动中，我们在社区广场上开展活动，学生 Y 的妹妹刚好过来广场上玩，想要喝和姐姐同组的小伙伴 X 的饮料。Y 直接将饮料拿给妹妹喝，X 生气地说："你不知道我有洁癖吗？"因为这个问题两人产生了小矛盾，同组的人员集体孤立 Y。在室内复盘时，Y 提出要更换小组。

针对这个问题，助教老师当下进行了及时引导："你为什么想要换组呢？"当Y 充分阐述自己的想法之后，再询问"还有吗？""你觉得我们该怎么做呢？"Y

（续上）

认识到自己的错误行为，主动向 X 道歉。

在这个过程中，助教老师并没有直接告诉 Y 该怎么去处理，只是在一旁倾听，在她充分表述完之后，再引导"问题的解决方式有什么"，让孩子自己通过复盘反思事情的经过，进而做出行动上的改变，这对她来说就是一次成长。

（2）启发式提问

研学实践中，和学生共同探讨问题比直接告诉他们问题将会导致的后果更有意义。当学生都参与进来，进行思考，并专注于问题解决的方案，我们可以通过启发式提问引导学生进行复盘反思：

①当初行动的意图或目的是什么？

②发生了什么？怎么发生的？为什么发生？（这是在引导学生回忆过去所发生的事情的过程或产生的问题。）

③我们从中学到了什么？如果有重来的机会，我们该怎么做？如果有人碰到同样的问题，我们该给他什么建议呢？

④我们现在该怎么做呢？可以做些什么呢？（这是引导学生反思他们得到的经验进而将反思转化成行动。）

⑤采取行动。

⑥分享总结。分享给更多的人，谁需要知道这些信息？我们要通过什么方式去传递？这对我们的学习生活可以有哪些借鉴意义呢？

（3）鼓励

给学生提供机会，培养他们"我有能力，我能贡献，我能影响发生在我身上的事情，我能知道我该怎么回应"的感知力。

思考与练习

思考题

1.研学活动结束后，组织学生做复盘反思，以年级、班级还是小组为单位？

2.复盘反思只能在研学结束时开展吗？

任务八　研学旅行实施服务保障

学习目标

- 了解研学旅行实施服务保障内容；
- 联系实际，做好研学旅行过程中的服务保障工作。

学习任务导图

🪧 任务内容

研学旅行课程实施环境具备复杂性，对服务保障体系要求更高、更完善，服务也需要更加规范。

1. 交通管理

（1）乘坐飞机和火车

如果需要乘坐飞机和火车，必须提前了解并随时关注天气情况和航班、车次信息，提前估算好到机场、车站需要的时间，并留出可能延误的时间。

（2）乘坐汽车

①落实好车辆安排，与司机沟通活动日程和活动时间安排，确认接车时间。

②车辆抵达前，集合候车，组织学生排好队伍，整齐有序候车，与司机沟通具体候车位置。

③车辆抵达后，核对信息（司机、车牌号等），协助司机码放好大件行李，组织学生有序登车，引导学生有序入座，按照名单清点人数。

④讲解乘车注意事项（见图4-8-1），全程进行安全检查和监督。准备就绪后，等待团队的发车指令，与司机沟通发车时间，统一发车。

乘车安全注意事项

乘车时：

- 上车前集合，听从现场老师指挥；
- 上车前听从指挥放置好行李；
- 上车时排队，不拥挤；
- 上车后一人一座坐好，并且及时系好安全带；
- 禁止在车内随意走动、打闹、大声喧哗。

行车时：

- 开车后不得随意站起来，不得将身体任何部位伸出车窗外；
- 文明乘车，尊重老师和司机师傅，不与司机闲谈或妨碍司机操作；
- 上车后，切记系好安全带；
- 禁止擅自开启车门、车窗和车内的应急设施，不可随意触摸车上的控制器，如车门锁、安全锤等；
- 行车路上，保持车内清洁；
- 下车前仔细检查好物品，收拾好个人垃圾。

下车时：

- 下车时排队，有序下车，不争抢，不拥挤，带走垃圾；
- 下车后集合，听从现场老师指挥。

图4-8-1 乘车安全注意事项

⑤行车途中，致欢迎词，进行自我介绍，结合课程实际安排介绍研学课程安排，或进行课程导入。

⑥抵达目的地前做好下车准备工作，提醒学生带好随身行李，待车停稳，组织学生有序下车，协助学生领取行李。

⑦下车后组织集合，再次清点人数。

（3）天气情况应对措施

项目组长必须随时关注天气预报和天气变化。如遇灾害性天气状况，要及时启动应急预案，不可冒险出行。要根据天气状况提前通知师生准备好雨衣等用具，以及防晒、防冻、防滑等必备物品。提前了解并随时关注天气情况导致的路况变化信息，做好应急准备。

2. 食宿管理

（1）用餐管理

①订餐时不安排有刺的鱼、容易过敏的食物等。

②当天团队到达餐厅前提前跟项目组长汇报。项目组长提前30分钟确认上菜时间（注意菜品的温度），再次强调用餐的餐位数。

③餐桌上放一壶热茶，每桌放两盆饭。

④在学生进入餐厅前，清点餐桌边的椅子数量。

⑤保证在学生进入餐厅之前，菜已经上完。

⑥以班为单位，集合洗手，洗完手之后，学生分组排队，一桌坐好再进第二桌，从餐厅最里面开始坐。出来的时候，从最靠外的一桌开始，一桌一桌起立，一起出来。

⑦引导学生根据已分配的桌次对应座位牌有序就座，待学生坐好后告知学生餐厅洗手间位置，叮嘱学生吃完饭后在座位上耐心等候，不要乱跑。

⑧宣讲用餐纪律，一人负责讲，其他研学旅游指导师跟老师一律不说话，以免场面混乱。

⑨帮助学生核对菜单，待学生开动后即可自行用餐（根据用餐人数确定研学旅游指导师是单独一桌，还是跟学生在同一桌用餐）。研学旅游指导师轮流吃饭，一个人负责控场，其他人吃饭即可，勿令人感觉中间站了很多人。

⑩用餐完毕后，检查学生有没有落下物品。

（2）住宿管理

根据研学旅游指导师团队成员的职责安排和实际需要，对学生的晚间住宿安全管理进行分工协调，确定好每位老师负责检查的房间，安排好查房时间，统计查房结果，处理出现的问题。做好晚间值班安排，确保学生不离开酒店，不串房间。

1）酒店分房

分房前，统一宣讲住宿纪律、集合时间、早餐时间、早餐就餐方式（集体还是分散）、第二天要穿的衣服、是否退房（内务整理时间）；

分房工作的分工：一人拿名单记录，一人发房卡，一人在电梯口，一人在每层楼梯口，一层处理完再到下一层楼。

2）酒店查房

第一次查房（18：00～18：30）（具体时间根据进房间的时间调整）：

①根据分房表，核对姓名。

②进房间后，摸一下学生的额头，观察学生的情绪，判断学生的身体状态，感觉有问题的及时处理，或者先登记下来，告知总控或项目组长，留意观察。

③进卫生间，告知冷热水的方向。

④告知总机的号码，告知学生有事情打电话给总台。

⑤空调设置为26℃。

⑥集中烧水，每个学生喝温水（矿泉水和开水）。

⑦提醒学生不随意给陌生人开门，同时不上链条锁。

第二次查房（21：00～21：30）：

①告知学生不能串门，各自回自己的房间。

②告知学生按时睡觉，对那些还在玩的学生进行重点强调。

③告知第二天集合的时间，以及第二天需要穿统一的服装。

④学生可能怕黑，建议不关卫生间的灯。

第三次查房（23：00～23：30）：

以听声音为主，如有动静，敲门后进入房间，发现还在玩手机的学生，则直接没收手机，第二天返还。

3）酒店值班

①了解每层楼的消防通道，值班的时候注意是否有学生从其他通道外出。

②避免学生下楼买东西，尽量要求晚上一律不出门买东西。

4）酒店退房

①分工组织退房工作，一个人在大厅，其他人按楼层从上往下查。

②告知学生待在房间，等到查房完毕、收掉房卡后才能下楼（根据名单表收房卡）。

③检查时注意查看卫生间、窗帘后面、床头边、柜子里。

④退房后上车前一定要询问学生：手机在吗？钱包找找看？水壶还在吗？

3. 健康管理

研学旅行时，学生离开了熟悉的生活环境，很多学生更是第一次离开父母过集体生活，而在研学过程中，学习、参观等场景经常在户外，这些容易让学生的身体健康产生问题。体质较差的学生可能会出现水土不服等身体不适状况，有些学生也可能因为舟车劳顿、晕车、陌生地方睡眠不好等原因引发其他身体状况，所以我们需要特别关注学生的健康情况。

①多给学生进行健康提示，如多喝水，注意防暑防晒，不喝生水冷水，不随便买零食等。

②做好预防工作，用餐时注意营养搭配，不安排吃容易过敏的食物；日程安排合理，活动不宜过多，时间不宜过长等。

③细心观察，观察学生的健康状态，了解学生的情绪表现，是否有封闭自我、敏感、消极等情况，或对抗性强、反应强烈、不愿意配合活动等情况。找到原因，及时跟学生沟通，疏导情绪，帮助学生解决困难。

4. 安全管理

教育部等 11 部门印发的《关于推进中小学生研学旅行的意见》明确将"安全性"写入研学旅行的基本原则中，要求各地教育部门和中小学校做到"活动有方案，行前有备案，应急有预案"，务必做到"坚持安全第一，建立安全保障机制，明确安全保障责任，落实安全保障措施，确保学生安全"。2025 年发布的《研学旅游服务要求》明确提出了安全管理的要求。该规范强调完善安全管理制度，培养安全教育人员，加强安全教育，制订突发事件应急预案，并定期组织安全演练，为保障研学旅行活动安全提供实施标准。

所以，安全是研学旅行的基础，要把安全放于第一位，应编制安全预案、建立应急管理制度并加以演练，以保障研学旅行过程中的安全，有效预防和处理突发事件，避免和减少突发事件造成的损伤和危害。编制安全预案一般包含交通安全应急预案、食品安全应急预案、住宿安全应急预案、突发人事意外事故应急预案、应急疏散演练活动方案，以及根据研学旅行课程实际安排的其他预案内容。

还要提前做好安全隐患排查，如交通车辆安全隐患排查、住宿安全隐患排查、用餐安全隐患排查、基（营）地安全隐患排查、研学课程活动安全排查、人员健康情况排查等。

同时做好安全教育培训，包括安全员及其他工作人员的安全教育培训、学生的安全教育培训等。另外，基于实际情况进行安全预防和安全教育，如基于社会规则和民风民俗的预防措施。比如到民族地区研学旅行时，应针对当地特殊的社会规则和民风民俗对学生进行教育，并在活动过程中约束学生的言行，不能冒犯当地的风俗习惯，在与当地人交往时要尊重当地人的生活习惯和宗教信仰。

5. 每日工作总结会

项目组长负责召开每日例会，总结当天的工作，调度第二天的工作安排。如果存在学生违纪情况或其他特殊情况，在每日例会上要对学生的情况进行研究处理。

确定参会人员，如校方领导、跟团教师、研学旅行项目组组长、各班级的研学旅游指导师、基（营）地相关负责人等。

确定会议的内容，反馈当天问题，提出解决方法和要求，实施方法明确到个人，并沟通第二天研学旅行课程内容和安排。

请扫描本书二维码，阅读安全预案手册。

思考与练习

实操题

请各小组设计一份安全预案手册。

任务九　常见的问题及处理方式

学习目标

- 了解研学旅行过程中有哪些常见问题，厘清其预防与处理的关键环节。

学习任务导图

```
                                                        ┌─────────────┐
                                                        │  学生迟到   │
                                                        └─────────────┘
                                                        ┌─────────────┐
                                  ┌──────────────┐       │  车辆故障   │
                                  │ 常见问题类型 │       └─────────────┘
                                  └──────────────┘       ┌─────────────┐
                                  ┌──────────────────┐   │  物品丢失   │
                                  │ 常见问题的预防和处理│  └─────────────┘
                                  └──────────────────┘   ┌─────────────┐
                                                        │ 学生身体不适 │
  ┌────────────────────┐                                └─────────────┘
  │ 常见的问题及处理方式 │                                ┌─────────────┐
  └────────────────────┘                                │  学生走失   │
                                                        └─────────────┘
                                                        ┌───────────────────┐
                                                        │ 食品安全事故的应急处理│
                                                        └───────────────────┘
                                  ┌──────────────┐       ┌───────────────────┐
                                  │ 安全事故应急处理│      │ 交通安全事故的应急处理│
                                  └──────────────┘       └───────────────────┘
                                                        ┌─────────────────────┐
                                                        │ 突发人身意外伤害事故处理│
                                                        └─────────────────────┘
```

🪧 任务内容

在研学活动过程中，研学旅游指导师组织管理和问题处理能力是非常重要的。

1. 常见问题类型

①**集合环节问题**　包含学生及工作人员迟到、车辆故障、学生及工作人员没有携带必备物品等问题。

②**研学途中问题**　如学生身体不适、物品遗失、场所设备故障、秩序混乱、不文明旅行行为、研学接待变更等。

③**住宿问题**　如损坏酒店设备和用品、私自外出等。

④**用餐问题**　如不文明用餐、食物过敏、食物中毒等。

⑤**课程问题**　教学环境有偏差，如室外活动下雨；教学设备有偏差，如投影仪故障；教学时间有偏差，如课程教学活动缩短或延长。

⑥**冲突问题**　包含学生冲突、家长冲突、研学旅游指导师冲突等。

⑦**安全事故**　如学生走失，受到意外伤害，突发疾病事故、食品安全卫生事故、交通安全事故等。

2. 常见问题的预防和处理

（1）学生迟到

预防：行前开说明会提前通知集合时间，学生分组分工强化自我管理；行中各环节确认集合时间、集合地点，临近集合时间时再次通知。

处理：及时联系学生，确认位置；对于在研学旅行中迟到的，安排其他工作人员去寻找；维持秩序，询问学生迟到原因，对因主观原因迟到的择机沟通教育。

（2）车辆故障

预防：维护学生安全，检查车辆情况。

处理：及时维修，如果维修时间较长，则及时调换备用车辆。

（3）物品丢失

预防：多次提醒学生，纸质资料可多备份。

处理：了解丢失经过，确定寻找范围，多方协助寻找物品。如果物品价值比较高，可报警立案。

（4）学生身体不适

处理：向队医反映情况，暂停该学生的随团活动；询问家长，告知情况；如果学生的不适不能缓解，应告知家长，并陪同学生就医，康复后可以继续参团活动；给予学生关心；如病情严重，联系家长赶往研学地负责后续就医治疗。

（5）学生走失

预防：做好分组分工，团队自我管理；强调纪律，把控秩序；随时清点人数；关注学生情绪状态。

处理：学生走失后第一时间联系学生，并上报项目组长；向其他同学询问该学生的情况；安排一部分指导师安排好团队，一部分前往寻找学生；使用广播寻找；报基（营）地安保警务处一起寻找；如寻找时间长，已经集合的学生前往下一地点进行课程学习，安排安全员、其他指导师和基地负责人员继续寻找；学生归队后继续参与课程，及时了解原因，不责怪学生，给予必要的安慰。

3. 安全事故应急处理

（1）食品安全事故的应急处理

在研学课程学习过程中，如师生出现呕吐、腹痛、腹泻等食物中毒症状，须立即采取以下措施：

1）通报

发生食物中毒事故，立即通知就近医院做好抢救准备工作，同时向学校有关领导报告，并拨打医院急救电话，急救电话号码为120。

2）紧急处理

①事故发生后，迅速将重病号送往医院进行抢救。

②急救车辆抵达后，立即配合医院医生实施紧急救护准备工作。

③保护现场，为事故调查的开展做准备，处理临时紧急任务。

④报请校方应急小组启动应急预案，协调有关组织及人员开展工作。

3）原因调查

①保护现场，对可疑食物或有毒食物取样、封存。

②将留样的食物和现场取到的样品送防疫部门进行技术鉴定。

③分析事故原因。根据现场调查和技术鉴定情况进行综合分析，确定事故原因，并吸取教训。

4）善后处理

①事故发生后，要注意维护正常的研学学习秩序和工作秩序。做好食物中毒人员的思想工作，做好中毒学生家长的思想工作，可以有效防止出现不稳定局面。

②如有新闻媒体要求采访，必须经过校方同意。未经同意，任何单位和个人不得接受采访，以避免报道失实。

③要求造成食物中毒的餐饮单位立即停止经营活动，协助卫生机构救治病人，保留造成食物中毒或者可能导致食物中毒的食品及其原料、工具、设备和现场。配合卫生部门调查，

如实提供材料和样品。

④对造成食物中毒事故的单位和个人，立即上报卫生行政部门，按照《食品卫生法》和《食品卫生行政处罚办法》的有关规定，予以行政处罚。对造成严重食物中毒事故构成犯罪的或者有投毒等犯罪嫌疑的，移送司法机关处理。

（2）交通安全事故的应急处理

研学活动期间，所有相关人员必须保持通信畅通，手机应做到 24 小时开机。

每次研学课程活动出行前，须明确交通负责人，并建立现场事故处理组。处理组人员由随队教师和随队服务人员共同组成，并做好工作分工。

发生交通事故后，应迅速处理现场情况。根据现场情况决定以下事宜：

①向交警报告情况。

②向医院提出要求，做好抢救准备。

③向校方报告。

④迅速采取措施落实医院、车辆及有关负责人员。

对车辆的要求：

①研学活动期间，须保证车辆状况良好，检验合格，为 3 年以内的新车，保证每人一座。

②车辆在出发前必须做全面细致的检查，杜绝所有安全隐患，严禁车辆带病上路。严禁超员、超速行驶，严禁疲劳驾驶、酒后驾驶和带病、带情绪驾驶，严禁强行超车、会车。司机必须有极强的责任心，有丰富的驾驶经验和良好的职业道德。

③车队各车辆之间应有通信设备，保证联络畅通。

④对车内卫生要有严格要求，每次出行前都必须保持清洁。

⑤研学辅导员须坐在前排，负责对司机行车安全进行监督和提醒。

⑥每车人数不得超员，所有人员必须系好安全带方能开车。

⑦车速应控制在合理范围内，高速路上不得高于 90 公里 / 小时，市区道路不得高于 60 公里 / 小时，由研学辅导员负责监督。

（3）突发人身意外伤害事故处理

事故一旦发生，须在第一时间内报警、申请紧急救援，寻求医疗、消防、公安等部门的救助，尽快对受到人身意外伤害者实施抢救措施。

人身意外事故突发后，全体教师和所有研学辅导员应坚守岗位，各司其职，随时听从现场负责人调遣，现场的每一个研学辅导员必须遵守"学生优先，伤员优先"的原则，参与抢救和安抚处理工作：

①及时抢救。保持镇静，沉着应对。事故现场的负责人或组织者必须立即组织教职员工和所有服务人员开展抢救工作。同时应根据事故的性质不同，由医务人员就地抢救或报 120 送医院救治。

②组织疏散。事故突然发生后，每位教师特别是研学辅导员应迅速帮助学生撤离危险区

域，确保学生的生命安全。

③清点人数。撤离到安全区域后，带队负责人应立即清点人数。

④及时报告。事故发生后，应立即报警，并向校方迅速报告事故发生地点、时间、伤亡人数、伤害程度、目前所在位置、安全程度等。

⑤尽快与公安、消防、医院等机构取得联系，落实救护和处理工作。指定专人负责保护现场，为处理事故提供证据。

⑥做好广大师生的思想工作，消除因事故产生的不安全因素，尽快恢复研学的教学秩序。避免事故引发其他不应有的事端。

⑦要特别注意做好受伤学生及受惊吓学生的心理咨询和心理调节工作，逐步消解他们的恐惧心理和其他不良心理反应。

案例分析

案例1

☆事件经过：暑期创变营中，有一次临近上课时间，学生ZH迟到了，我们没有选择继续等他，而是按预定的时间开始上课。ZH过来时，看到我们已经在上课，自己默默地走到位置上去。刚开始，他不知道我们前面部分做了什么，选择静静倾听，后面开始出现扰乱课堂秩序的行为，如大声和同桌的孩子说话，一直捉弄旁边的孩子，老师再三提醒后还是如此。

☆问题描述：学生没有融入课程的氛围中，想用自己的方式引起老师和同学的关注，但是行为已经扰乱了课堂的秩序。

☆现场处理方案：刚开始，老师用眼神提醒他，走到他的旁边轻拍他的肩膀。当发现没有起到作用时，老师在讨论环节的时候走到ZH旁边，蹲下来，和善且坚定地告诉他："ZH，老师觉得你好像忘记了我们关于课堂公约的约定了，你能走到我们的公约那里认真看看我们课堂上都约定了什么吗？"ZH走到公约那里去，重新看了大家共同建立的公约，觉察到自己的问题所在了，在接下来的课堂中，积极配合老师的上课节奏。

☆预防方案：每次上课前在家长群里提醒，让孩子种下准时的小种子。在上课中根据前一天课堂出现的情况和孩子共同讨论，询问"关于我们的课堂公约大家有什么需要补充的吗"，孩子会回忆前一天课堂出现的情况，补充自己的想法。课堂公约是大家共同制定的，当孩子违背了公约，我们只需提醒，孩子就能意识到。

（续上）

案例 2

☆事件经过：研学活动中，学生分成若干组，每组都选择一个孩子担任安全员的角色，负责在指定时间提醒队员集合，以及提醒队员营会期间的安全事项。YH作为安全员，在我们分配小组任务时和小组成员分开行动，且在规定的集合时间没有出现，团队成员有意见，想要换一个安全员，但YH不愿意了，出现了僵局。

☆问题描述：组员认为安全员没有履行这个角色的职责，想要重选一个安全员。

☆现场处理方案：组织这个小组的孩子进行小组讨论，询问他们为什么想要重选安全员。根据大家反馈出来的问题，询问YH针对大家的想法有什么要补充的。YH意识到自己没有尽到安全员该承担的责任，但又不同意重选一个安全员。于是，我把问题抛给其他组员，问他们有什么其他好的建议。其中一个孩子提出，所有人都是安全员，大家互相监督。这个提议获得组员的一致认可。在接下来的活动中，我发现这组成员间配合得很有默契。

☆预防方案：告诉孩子，当出现问题时，老师不会跳出来去告诉孩子该怎么解决问题，而是把主动权交给他们，让他们自己去想解决的方法。

案例 3

☆事件经过：在进行"烽火传递"研学活动时，一位学生的手被烫伤了，我们准备的医药箱里面没有治疗烫伤的药物。我立即用凉水给受伤学生冲洗，并联系研学基地医务室，但医务室也没有此类药物。幸运的是，烫伤处只是轻微的发红。询问学生是否有疼痛感或感到不适，学生回答："没事。"

☆问题描述：药物准备不充分，安全保障不到位。

☆现场处理方案：当我得知有学生被烫伤了，立即用凉水给她冲洗，并联系研学基地医务室。若医务室也不能解决，必要时安排工作人员就近送医。

☆预防方案：提前准备烫伤药膏，安排随行医护人员。

案例 4

☆事件经过：一个小组要选出一名学生进行分享，经过投票选出一名学生后，另一名学生开始哭泣。我跟其他学生询问事情经过后，先安抚这名学生的情绪，然后说："虽然每组只有一个名额，但老师看你表现得很优秀，希望你也能上台展示。"但是该学生不为所动，一直哭泣。为了不耽误课程进度，我便开始了下一个环节。

☆问题描述：学生一直哭泣，拒绝沟通。

（续上）

☆现场处理方案：安抚学生情绪，同时不耽误课程进度，及时开始下一个环节。

☆预防方案：活动前和学生说明规则。

案例5

☆事件经过：在进行最后一局真人CS活动的时候，一名学生采取了躲避战术，结果在山上迷路，越走越害怕，喊起了救命。后来，他在距活动现场约1千米处碰到一间卖纯净水的店铺，请店员打电话给家长，家长再打电话给领队，把学生接回来。

☆问题描述：活动场地范围广阔，没有明显的边界警示线；工作人员踩点的时候，因场地负责人不在现场，没有看过室外场地，也没有对安全性进行评估；活动前对学生提醒的安全事项没包含相关内容。

☆预防方案：踩点时必须看现场，并评估是否安全，活动当天，到达现场后，必须再次进行安全评估；活动开始前，必须向学生讲清楚相关安全注意事项；学生所佩戴的胸牌内容应包含领队联系方式，并告知学生；每次活动结束，必须及时清点人数；在车上，可以通过讲案例的方式，让孩子们一次了解一个安全常识。

案例6

☆事件经过：研学旅游指导师在仓库找到了某孩子的一卡通，然后告诉我，由于家长没有修改群昵称，我在该孩子所在的班级微信群找不到家长，就直接把一卡通的照片发到了微信群里。家长看到后，严厉地批评我，说不应该把含有孩子身份信息的照片发到群里面。

☆预防方案：任何涉及家长或孩子隐私的内容，包括完整姓名、身份信息等，都不可以公开，如果必须公开，信息敏感部分要打上马赛克。活动美篇中的内容不能包含孩子的完整姓名等信息。

以上案例，都属于什么问题呢？你觉得还有什么更好的解决办法吗？

💬 思考与练习

思考题

1.发生教学时间偏差后，你会如何处理？

2.班上一名学生发高烧了，你会如何应对？

任务十　行后课程的组织与执行

学习目标

- 清晰认识行后课程的工作内容；
- 掌握组织行后课程工作的实施要求。

学习任务导图

```
                                            ┌─ 研学旅行学习成果加工
                          组织研学成果汇报交流 ─┼─ 班级成果主题交流会
                          │                 └─ 学校成果展示和表彰
                          │
                          │                 ┌─ 观察评价
行后课程的组织与执行 ───────┼─ 完成研学旅行活动评价 ─┼─ 研学手册评价
                          │                 └─ 项目评价与阶段性综合评价
                          │
                          │                 ┌─ 课程设计总结
                          │                 ├─ 课程实施总结
                          └─ 总结经验，累积成果 ─┼─ 供应方评价总结
                                            ├─ 经验成果固化
                                            └─ 建设研学资源库
```

任务内容

研学旅行结束后返回学校，并不代表这次研学旅行活动就结束了，总结、交流、评价等活动，能使研学的历程变得更加丰满，研学成果更加丰富，让研学旅行活动促进学生综合素质的提升落到实处。

1. 组织研学成果汇报交流

（1）研学旅行学习成果加工

研学旅行学习成果的加工主要是指外显学习成果的加工。一般要求学生在研学旅行活动结束后的一周内完成，时间不宜拖得太久。

1）指导撰写文本类成果

文本类成果包括研究性学习报告、随笔、散文、游记以及完成的模块作业等。可以分为学习过程中产生的文字材料，如随笔、散文等，以及学习结束后完成的反思性、总结性的研究报告和文章等。

撰写文本类成果可以作为研学旅行课程的重要学习环节，也可以作为学生学习评价的首要对象。在课程实施的过程中，学校指导师可以指导学生积累文本成果所需要的素材，在研学旅行完成后，及时指导学生撰写文本类成果。

2）编辑传播多媒体类成果

多媒体类成果可以包括以下几个方面：

①声音数据，包括师生对话、生生对话、关键陈述、作为成果的声音信息等；

②图像数据，包括第三方拍摄的学生研学过程中的照片、学生自己拍摄的过程照片、作为资料的图像数据、作为成果的图像等；

③影像信息，包括研学课程实施影像、研学资源影像、作为成果的影像；

④可穿戴设备和第三方设备收集的信息，例如运动手环收集的学生运动信息、身体信息、智能终端收集的录入信息等。

学校指导师可以协助学生选择经典风景和标志性人文信息，指导学生拍摄照片和视频资料，指导学生对各类多媒体成果进行编辑并通过各种渠道进行传播。这些信息通过多媒体的形式保存，可以帮助我们对学生研学活动全过程进行全面描述、记录。

学校还可以收集学生的多媒体类成果，进行汇总和再次编辑，以便宣传学校的课程和教学成果。研学旅行过程中产生的多媒体数据的价值也越来越被学校重视，这类资料既有展示价值，又有评价价值，教学大数据对学校的作用也正由"辅助"变成"诊断""引领"和"指导"，应该引起大家广泛重视。

3）组织展示制作类成果

制作类成果主要是指通过研究性学习学生自行制作出的实物，包括科技小制作、手工活动工艺品、绘画、模型以及采集的标本等，也可以包括采购及收集的有代表性的纪念品等。

在设计制作中，学生不仅可以学习巩固理论知识，加深对概念规律的深刻理解，更重要的是，制作中的困难会磨炼学生意志，成功的喜悦会激励学生不断进取，增强战胜困难的信心。学校指导师要合理布展，充分展现学生制作类成果。

（2）班级成果主题交流会

成果汇报分两类，一是课题研究成果汇报交流，二是其他学习成果汇报交流。初中和小学可以不举行课题研究成果汇报交流，只举办学习成果汇报交流即可。

1）课题研究成果汇报交流

首先，学生应完成课题研究报告并交给研学旅游指导师进行批改，根据研学旅游指导师所提出的意见进行修改；然后，以小组为单位进行课题成果交流，经小组评议，推选出能够代表小组的研究报告；最后，在此基础上，班级举办优秀课题成果交流汇报会。这样既可以节约时间，提高效率，也能够让学生参与到课题评价当中，达到相互交流、相互学习的目的。

在完成课题研究成果交流的基础上，各班推选出优秀成果参加学校的成果展示，学校也可以遴选优秀成果结集成册，印制或出版学生研学旅行优秀课题成果集。

2）其他学习成果汇报交流

其他学习成果是指除课题研究报告以外的其他所有学习成果。学生可以汇报交流在研学旅行中自己认为有意义的所有学习收获，既包括各类文本成果、影像成果、制作成果等外显学习成果，也包括对研学途中自己所见所得的反思与感悟，以及个人思想与能力的提高等内化学习成果。班内也可以结合学校的成果展示方案，利用教室的墙壁或建立网上学习交流平台，对成果进行分类展示，并进行优秀成果分类推选，为参加学校的展示做准备。

（3）学校成果展示和表彰

1）学校成果展示

可以按照不同的成果类型，分类设立展示项目。在各班交流推选的基础上，举办研学旅行课程成果展。展示方式可以灵活多样，既可以使用展厅、展台、展板等传统展示方式，也可以拓宽展示渠道，通过微信、美篇、微博、视频网站等新媒体平台，让学生参与评价，这既能够培养学生的自主性，也能够让学生在评选和评价的过程中进一步相互学习。通过对学生的各类学习成果进行展示和评比，能够让成果和经验共享，起到对学生的启发和激励作用。

2）学生分享收获

选出学生代表进行分享，分享内容包括学习计划的制定、分工合作与学习过程、研学收获等。

3）进行优秀表彰

通过多元评价，对表现优秀的学生给予认定和表彰。表彰可以从多维度进行，除了对综合表现优秀的学生予以认定外，也可以在创新创意、团队合作、文明出行等多方面设立单项奖。通过召开表彰大会，认定和表彰优秀学生，可以培育先进典型，鼓励培植行为规范，提升集体凝聚力，增强集体竞争力，激发骨干精英分子热情，能达到鼓励先进、激励其他人的目的。

2. 完成研学旅行活动评价

（1）观察评价

要将日常观察、及时评价贯穿于活动的整个过程。及时评价可以随时随地激励学生，调节课程的实施进度，而日常观察能有效地提高对学生综合能力评价的准确度和有效率。

学校指导师要做好学生观察记录，如活动现场照片、观察记录表等。

观察评价有时体现为正式评价，比如量化数据或分数等，但更重要的是非正式评价，如一句激励的话语或一个肯定的手势等。

（2）研学手册评价

研学手册是整个研学活动的行动指南，是实现自我管理、自我教育的基本保障，应该包括研学旅行组织架构、研学旅游指导师联系方式、课程简介、行程安排、研学课题、研学作业（活动感想）、研学评价等方面的内容。

在每一次研学课程活动过程中，学校指导师都要求每名学生填写研学手册，包括活动计划表、活动记录表、试验记录表或调查记录表、原始数据、学习体会、日记等，并收集整理与研学活动有关的文字、图片、影像资料。

研学手册是学生自我评价、同伴互评、教师评价学生的重要依据，可作为综合评价的重要参考。

（3）项目评价与阶段性综合评价

在每个研学课程项目结束后，组织学生采用自我评价、小组评价、学校指导师评价等方法进行项目评价，促使学生在活动之后能及时进行总结和反思，以便教师指导后续活动，并为每个学期的阶段性综合评价提供依据。

阶段性综合评价，可作为学生每个学期研学旅行活动课程成绩的主要依据。原则上每个学期期末学校指导师要依据研学手册，结合平时对学生情况的观察，对学生综合素质发展水平进行科学分析，写出有关研学旅行活动情况的评议，引导学生扬长避短，让学生明确努力方向。

在划分出评价的各种方式后，要根据评价的重点，赋予不同评价方式不同权重系数，综合评价学生在研学旅行活动、课程实施过程中的发展状况。

指导教师应对学生研学旅行取得的学习成果给出评价。高中学校根据有关规定把学生的学习成果记入学生发展素质评价报告，并予以综合实践学分认定；初中和小学根据学校的相关规定，对学生的学习结果进行成绩认定。

3. 总结经验，累积成果

（1）课程设计总结

研学旅行课程活动可以视为一个综合性质的单元教学。其评价不同于学校教师熟悉的课时教学反思和总结，具有整合性和主题性，需要校方教师站在较高的层面来审视和总结，一般来说要在研学旅行行程结束后进行单项评价和综合总结。

要通过实施及反馈信息，总结本次研学课程设计主题是否鲜明、突出；内容是否符合教学大纲，是否贯穿书本知识，是否为跨学科综合性的项目，是否围绕教学主题等；目标是否清晰、合理，方法是否多样并符合本学段学生要求；研学手册是否充实、配套；研学成果的要求是否合理、完整等。

（2）课程实施总结

在研学旅行课程实施的过程中，要针对出现的各种问题及时进行专项总结。在研学旅行结束后，可以通过会议、个人总结等方式，针对研学课程实施中做得好和做得不足的地方予以总结。课程实施总结的根本目的在于获得反馈信息，以帮助研学旅游指导师改进研学课程，促进学生发展，保证研学课程目标的实现。

（3）供应方评价总结

设计量表，对供应方进行评价并总结，把书面报告反馈给供应方或教育主管部门。

评价总结包括以下方面：供应方是否具备合法资质；开展研学实践教育的能力是否符合标准；研学实践教育资源是否丰富，开发是否合理；研学活动课程是否能够结合其资源特点；设计开发的研学课程是否适合本次参加研学课程的学生；与学校教育内容相衔接的课程和线路是否合理；主题是否特色鲜明，富有教育功能；活动场地是否大小合适，生活场所硬件设施是否符合标准；安全设施以及制度如何，各项运行制度是否健全；保障与承载能力如何等。

（4）经验成果固化

这里所指的经验成果，是指从一次研学旅行活动的组织开始，研学旅游指导师积累的各种经验，包括可见的物化资源，如课程方案文本、管理机制制度、系列行前课资料、学生研学成果等，也包括反映学生成长的过程资料，如记录研学活动的文稿等。

通过研学旅行鲜活的案例，以归纳综合的方法进行实证研究，还可以形成学术性成果，包括课程方案、研究论文、活动案例、经验总结、研学手册、研究报告、专著成果等。

（5）建设研学资源库

每组织一次研学旅行活动，就可以形成一套资源材料，收集起来，积累数年，研学旅行学习的资源就会逐渐增加，形成系统。

收集研学旅行相关资源并建设资源库是研学旅行课程开发、课程实施与课程管理的重要环节，其中学生研学旅行成果资源库既能对课程实施的效果进行总结评估，也能积累丰富的课程资源，为下一轮课程开发和管理提供借鉴。

①**行前课资源** 在行前课中可以让学生围绕某一主题收集资料，为学生推荐一定的参考

书目或专题网站资源，使学生对将要参加的研学旅行活动内容有一个初步了解，激发学生参与的兴趣，同时收集的资料也能用于建设研学资源库。不断建设研学资源库，为课程设计与开发提供资源，能够为研学旅行课程设计提供丰富的前期积淀。

②**研学旅行过程中生成的资源**　研学旅行中形成的过程性资源，包括专家讲座文稿、学习指导方法、拍摄的照片和视频、学生参与研学的收获体会、研学手册、随笔美文、学科深化的知识、动手制作的成果、在研学目的地获取的一手资料，以及师生在研学旅行过程中发现的值得探究的问题等。

③**研学旅行活动后产出的资源**　很多学校在研学旅行结束后，要求学生以小组为单位将研学的问题和成果重新梳理，适度提炼，并通过演示文稿、视频、调查报告、小论文、研学总结、漫画、图表等方式进行汇报，展示和分享自己的感受。有的学校还会举办研学旅行的征文、摄影、绘画比赛等后续活动，筛选优秀的成果，收集影像、照片、总结等，最后结集成册，并纳入学校研学资源库。

思考与练习

思考题

1. 研学旅行结束后的成果展示方式可以有哪几类？

2. 请总结学校指导师应该如何对学生参加研学课程的学习情况进行评价。

项目五
研学旅行评价机制

　　研学旅行评价是研学旅行课程实施中的重要组成部分。进行学生课程评价，可以判断预设的教育目标是否得以实现，检验研学的课程质量，了解研学的课程设计是否合理、研学课程的组织实施是否规范科学、研学旅游指导师是否达标、有哪些可以改进和提升的地方等；对于学生研学的过程和结果进行评价，可以考查学生是否真正学有所得，在尊重个性差异、鼓励多元发展的前提下对学生参加研学旅行的情况和成效进行科学评价，并将评价结果逐步纳入学生学分管理体系。通过本项目的学习，读者对研学旅行评价有基础的认知，了解研学旅行评价的概念、目的和意义，掌握研学旅行评价的内容设定和指标维度设计，了解研学旅行评价的方式，能够做好研学旅行评价的组织实施。

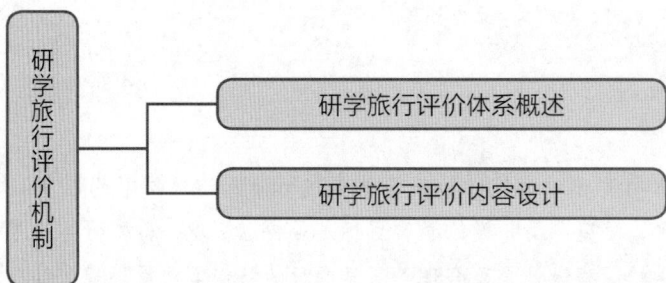

研学旅行评价机制

研学旅行评价体系概述

研学旅行评价内容设计

任务一　研学旅行评价体系概述

学习目标

●了解研学旅行评价体系的概念、意义，中国学生发展核心素养体系，学生综合素质评价；掌握研学旅行课程评价基本方式方法。

学习任务导图

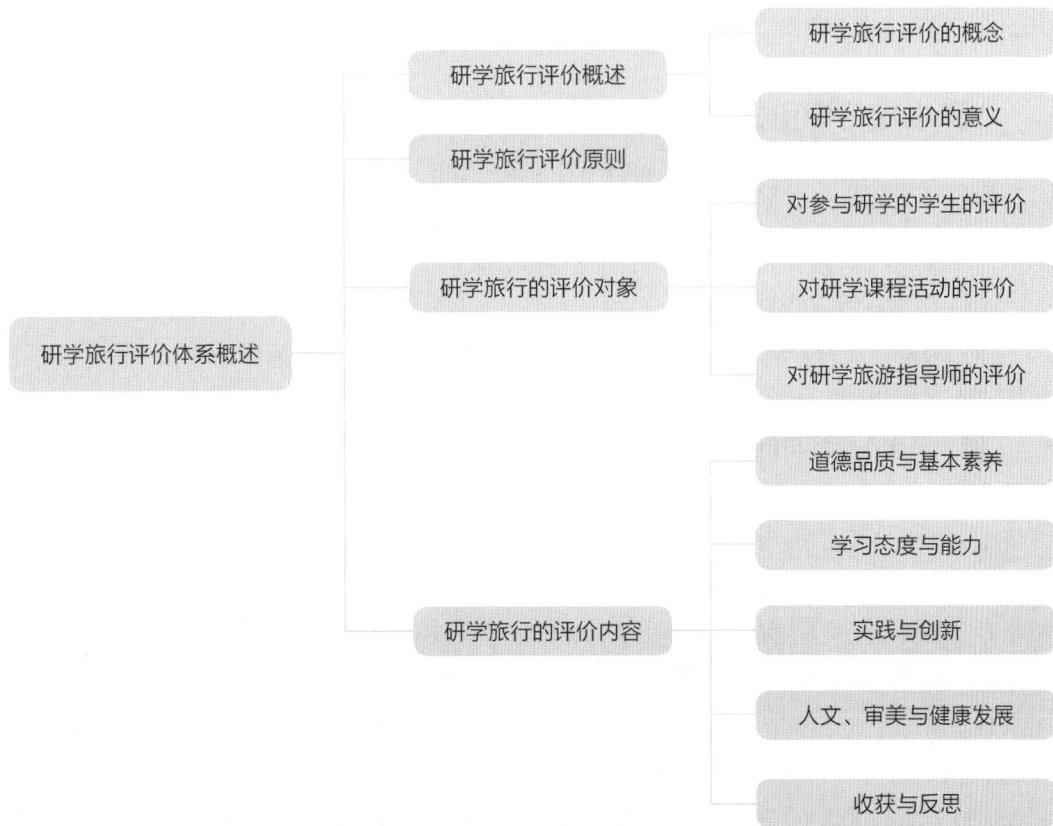

```
                                        ┌─ 研学旅行评价的概念
                    ┌─ 研学旅行评价概述 ─┤
                    │                   └─ 研学旅行评价的意义
                    │
                    ├─ 研学旅行评价原则
                    │
                    │                    ┌─ 对参与研学的学生的评价
研学旅行评价体系概述 ─┼─ 研学旅行的评价对象 ┼─ 对研学课程活动的评价
                    │                    └─ 对研学旅游指导师的评价
                    │
                    │                    ┌─ 道德品质与基本素养
                    │                    ├─ 学习态度与能力
                    └─ 研学旅行的评价内容 ┼─ 实践与创新
                                         ├─ 人文、审美与健康发展
                                         └─ 收获与反思
```

🪧 任务内容

　　研学旅行评价体系设计基于"以学生为中心""核心素养导向"的设计理念。从2013年起，我国全面开启学生核心素养培育的学术研究、实践探索与政策制定等工作；2016年，中国学生发展核心素养研究成果发布，公布了《中国学生发展核心素养》总体框架，把学生核心素养划分为6个方面、18个要点，并把学生核心素养界定为"学生应具备的，能够适应终身发展和社会发展需要的必备品格和关键能力"。

　　2022年4月，修订后的义务教育课程方案和课程标准发布。新版课程方案和课程标准要求"着力发展学生核心素养"，其核心素养导向非常鲜明，根据学生核心素养的要求，确定了各门课程具体目标，优化了课程内容结构，研制了学业质量标准，并对考试评价改革提出了相应要求。

　　结合上述文件精神及要求，须在落实研学旅行教育立德树人根本任务、遵循学生身心发展和教育教学规律的基础上，注重以学生参加研学旅行中的行为为依据，关注学生参加研学旅行的过程性与发展性，注重参与主体、评价体系、结果呈现和发展趋向的多元性，注重评价记录与研学前、中、后个体过程跟踪的一体性，帮助每一个学生了解真实的自我，明晰自身的优势特长和发展短板，补充完善学校评价，助力每一个学生都找到适合自身成长的方式。

1. 研学旅行评价概述

　　研学旅行的教育属性和学校共同的综合实践育人目标，也必然要求对学生参加研学旅行的情况和成效进行科学评价，评价结果既可逐步纳入学生学分管理体系和学生综合素质评价体系，也是研学旅行客户课程教学目标的结果呈现。

　　（1）研学旅行评价的概念

　　本任务所涉及的研学旅行评价，一般指结合学校综合素质评价指标体系对学生参加研学旅行的情况做出的评价，是社会参与教育质量监督与完善的一种方式。

　　（2）研学旅行评价的意义

　　教育部发布的《关于加强和改进普通高中学生综合素质评价的意见》指出："综合素质评价是对学生全面发展状况的观察、记录、分析，是发现和培育学生良好个性的重要手段，是深入推进素质教育的一项重要制度。"实施综合素质评价的目的是全面反映学生德智体美劳全面发展情况，展现学生的个性和特长，形成学生在各阶段成长和发展的重要档案，作为学生发展指导、毕业升学、学校育人质量评价的依据或参考。

　　研学旅行评价是综合素质评价的社会力量参与的有效补充部分，纳入综合素质评价范畴。实施研学旅行评价，有利于帮助和促进学生自我认识、自我评价和自我发展；有利于促进教师和学校全面把握学生成长规律，切实转变育人方式和人才培养模式；有利于助力家庭和社会形成正确的育人观，形成多方协同的育人局面；有利于助力深化新时代教育评价改革，坚持科学有效，改进结果评价，强化过程评价，探索增值评价，健全综合评价，助力形成多元的科学的、符合时代要求的教育评价制度和机制；有利于助力培养学生适应终身发展和社会发展需要的正确价值观、必备品格和关键能力。

2. 研学旅行评价原则

研学旅行评价原则是指在进行研学旅行课程活动评价时应该遵循的核心原则，包括方向性与指导性原则、核心素养导向原则、综合性与个性原则、过程性与发展性原则、真实性与公平性原则。

（1）坚持方向性与指导性原则

坚持育人为本、德育为先，引导学生践行社会主义核心价值观，热爱祖国和中国共产党，弘扬中华优秀传统文化。培养学生树立远大理想和崇高追求，形成正确的世界观、人生观和价值观。重视学生的主体地位。把握和尊重学生个性特点和成长需要，关注成长过程，激发每个学生的潜能优势，加强学生的自我评价，帮助学生认识自我、发展自我，鼓励学生不断进步。

（2）坚持核心素养导向原则

国民的核心素养决定一个国家的核心竞争力与国际地位。研学旅行评价坚持以核心素养为导向，关注研学旅行过程中学生的关联性、整体性能力和素质表现，在研学旅行课程活动中，应根据学生亲历实践、探究、体验、反思、合作、交流等深度学习过程，评价学生在活动中的学习兴趣、自主学习能力、专注力、时间管理等核心素养的发展水平。

（3）坚持综合性与个性原则

关注学生健康、多样发展，既要重视学生思想品德、学业水平、身心健康、艺术素养、社会实践等方面的核心素养为导向的全面发展，也要重视反映学生个体的主要特点和突出表现；不仅要有面向全体学生的共性评价，还要为每一个学生提出有针对性、适合其发展的具体建议，促进人人成才，全面发展。

（4）坚持过程性与发展性原则

过程性原则就是以过程作为评价的价值取向，对整个研学旅行进行全过程性评价。研学旅行活动课程目标的重点在于培养学生的情感、态度和能力，而不是知识，所以评价应着重关注整个活动的过程，并进行全过程性评价。发展性原则指为了促进学生的发展重视评价的发展功能，主要看学生的现在比过去有没有进步、有哪些进步，旨在建立能促进具有个性差异的每一个学生的全面发展的评价。

（5）坚持真实性与公平性原则

如实记录学生在研学旅行成长过程中的突出表现，真实反映学生的发展状况，以事实为依据进行评价，确保研学旅行评价内容客观真实。坚持有效性和可操作性，聚焦可观察、可评价的有效行为，确保研学旅行评价结果可用。坚持公平性，严格规范评价程序，注重师生全员参与，强化有效监督，确保评价过程公开透明，评价结果公平公正。

3. 研学旅行的评价对象

（1）对参与研学的学生的评价

对参与研学的学生进行评价是为了判定预设的教育目标即预期的学习结果是否实现。学生由于知识的拓展而引起的认知结构的变化、思维的变化、探究能力的变化，以及在真实情境中学习得到刺激与体验从而产生的情感态度与价值观的变化，都可以通过研学旅行评价来判断和评价。

（2）对研学课程活动的评价

对研学课程活动本身进行评价，包括对课程理念、课程结构，以及课程目标的确定、课程内容的选择、课程实施的计划等进行评价，主要在于判断课程设计的合理性、系统性和科学性。通过对课程结构进行评价，判断课程是否具有系统性；通过对课程理念、课程目标、课程内容进行评价，来判断课程的科学性；通过对课程实施进行评价，来判断课程的合理性与规范性。在对课程本身进行评价时，通过对学生学习结果的分析评价，判断学习结果与预期目标的吻合程度，也就是目标的达成度。如果吻合度较差，课程目标的达成度就较差。发现目标达成度差的时候，就要分析是课程实施过程的问题，还是目标设定的问题，从而可以根据评价所发现的问题对课程进行改进。所以，课程评价既依托课程目标，也可对课程目标的科学性和合理性进行反馈。

（3）对研学旅游指导师的评价

研学旅行的课程实施者由两部分人员组成，即主办方派出的带队教师和承办方派出的研学旅游指导师。主办方的带队教师承担着代表学校监督承办方实施课程的责任，所以就双方的关系而言，主办方的带队教师是评价者，而承办方的研学旅游指导师是被评价者。主办方的带队教师则由学生和学校主管部门进行评价。

4. 研学旅行的评价内容

不同的研学旅行主题、不同年级的研学对象、不同的研学课程活动会设计不同的研学评价方案，评价从以下几个方面进行。

（1）道德品质与基本素养

了解家乡和省情、国情，关心家乡和本省的发展，有建设家乡的愿望；维护国家荣誉，响应国家号召，关心国家大事，具有强烈的国家和民族自豪感；按时参加研学旅行活动，不擅自行动；遵守研学旅行活动纪律；遵守文明旅游公约，做文明游客；遵纪守法，在社会生活中用各种规范约束自己的言行。

（2）学习态度与能力

有研究性学习的愿望及强烈的好奇心与求知欲；研学主动勤奋，研学课堂上注意力集中，积极参加各研学活动；认真完成行前课任务，按时独立完成研学任务；努力克服研学中的困难；有良好的学习习惯，能够制订并落实有效的研学计划；使用多种有效的研学方法，形成一套适合自身发展的研学方法；研学课堂上表现优秀，回答问题等质量高。

（3）实践与创新

有创造性解决实际问题的愿望，敢于质疑；善于多角度思考问题；绘图、实验操作等学习环节动手能力强；自己设计并进行创造与发现活动；在作文、模型制作等方面表现出丰富的想象力；善于收集、整理、运用信息；见解独到，能够创造性地解决问题。

（4）人文、审美与健康发展

具有良好的身体素质，精力充沛；善于自我调控情绪，保持健康的心理状态；兴趣爱好广泛；生活习惯良好，生活有规律，无不良嗜好；在活动中具有一定的安全意识与能力；发现并欣赏自然、文学、艺术作品等的美；能以艺术的手段美化生活环境。

（5）收获与反思

能够综合运用所学知识进行研究性学习等探究活动；完成研学计划，完成知识积累与运用、创造；善于在研学中总结与反思，听取他人意见，不断提高水平；研学成果质量高；愿意创造美与表现美；具有较高的艺术素养和实践能力，善于运用艺术形式创造性地表达自己的情感和思想；心胸开阔、自信开朗，保持乐观的生活态度；熟悉掌握研究性学习方法，树立终身学习的理念。

同时，也可参考综合素质评价体系的评价维度，主要从德智体美劳方向反映学生综合素质在研学旅行过程中的真实发展情况，具体包括思想品德、学习与创新、身心健康、艺术素养和社会实践等五个方面：

①**思想品德**　主要考查学生在坚定理想信念、爱党爱国爱人民爱社会主义、学习和践行社会主义核心价值观、责任担当、热爱集体、遵纪守法、诚实守信等道德品质和良好行为习惯养成方面的状况。重点记录学生在研学旅行中上述方面的突出表现。

②**学习与创新**　主要考查学生通过研学旅行课程以及相关专题知识的学习，在基本知识、基本技能、认知能力、思维发展、创新意识等方面的状况，确保学生达到研学教学目标。重点记录学生在学习态度、习惯、能力、效果等方面的突出表现。

③**身心健康**　主要考查学生在研学旅行过程中的运动技能、体育锻炼习惯与健康生活方式、心理健康状况、安全素养、自我认知与管理、人际关系、情绪调节、青春期适应、应对困难和挫折的能力、安全知识与相关技能等。

④**艺术素养**　主要考查学生在研学旅行过程中对艺术的审美感受与鉴赏、参与和表现的能力。重点记录音乐、美术、书法、舞蹈、戏剧、戏曲、影视、播音、主持、非物质文化遗产传承、民间艺术与民俗活动等方面的兴趣特长表现以及对生活美学的领悟与践行等。

⑤**社会实践** 主要考查学生走向"社会大课堂",在社会生活中的动手操作、体验经历、社会认知、社会实践、社会适应等状况,以及形成的劳动素养、实践能力等状况。重点记录学生在研学旅行活动中表现出的意识、能力和成果等。

思考与练习

思考题

你觉得一名合格的研学旅游指导师要具备哪些能力?

实操题

尝试做一份针对于你们校园研学实践课程的评价方案。

任务二　研学旅行评价内容设计

学习目标

● 了解研学旅行评价内容设计；掌握研学旅行评价设计指标。

学习任务导图

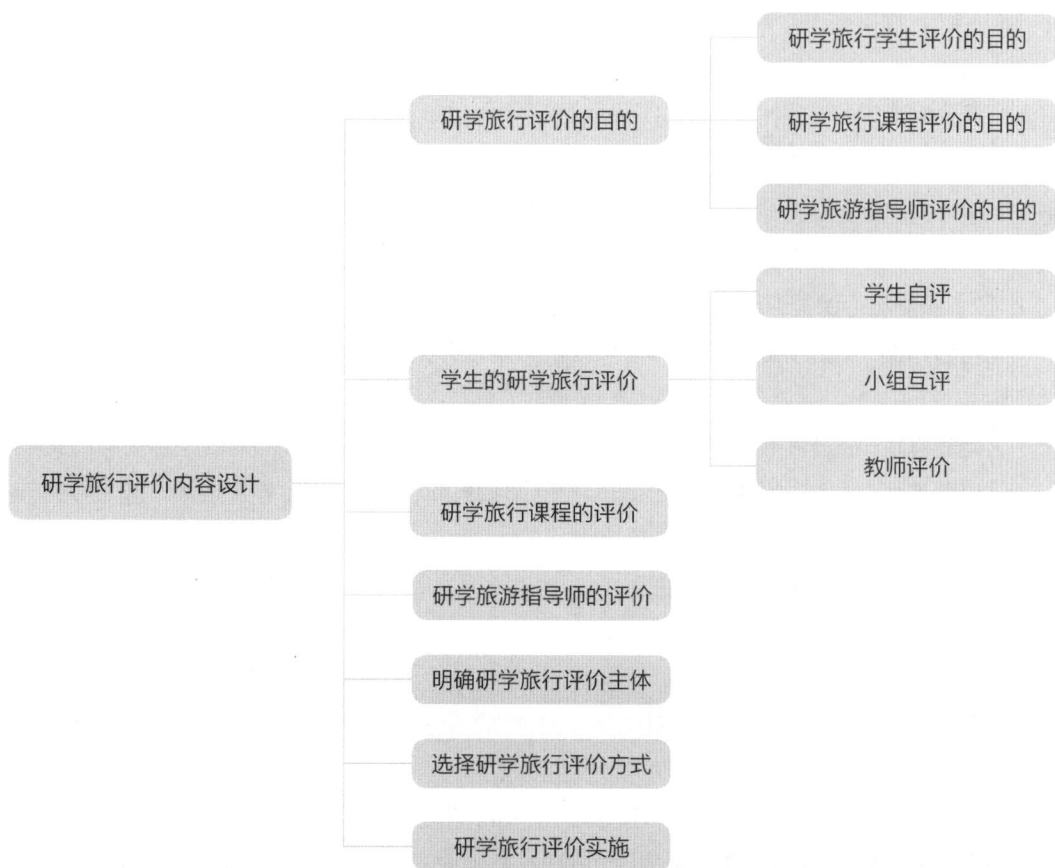

```
                                                        ┌─ 研学旅行学生评价的目的
                                    研学旅行评价的目的 ──┼─ 研学旅行课程评价的目的
                                                        └─ 研学旅游指导师评价的目的

                                                        ┌─ 学生自评
研学旅行评价内容设计 ──┬──────────  学生的研学旅行评价 ──┼─ 小组互评
                       │                                └─ 教师评价
                       │
                       ├── 研学旅行课程的评价
                       │
                       ├── 研学旅游指导师的评价
                       │
                       ├── 明确研学旅行评价主体
                       │
                       ├── 选择研学旅行评价方式
                       │
                       └── 研学旅行评价实施
```

任务内容

1. 研学旅行评价的目的

研学旅行评价有两个方面的含义，一是对该课程学生学习情况的评价，二是教师、学生和专家对该课程整体实施效果的评价。前者是针对学生学习效果的评价，以评价促进学生学习，将评价作为学生学习的有机组成部分；后者是对课程本身的评价，同时也是对课程开发与建设工作成效的反馈。

评价的首要功能是让学生及时获得关于研学学习过程的反馈，改进后续活动。要避免评价过程中只重结果不重过程的现象，杜绝对学生作品随意打分和简单排名等功利性做法，要挖掘学生作品背后蕴藏着的学生的思想创意和体验。

（1）研学旅行学生评价的目的

①**激励学生**　通过科学评价激发学生参加研学旅行活动的兴趣，通过评价把学校组织的活动变成学生喜欢的活动。

②**引导学生**　学校指导师在评价中可以发现和发展学生多方面的潜能，帮助学生认识自我，建立自信，促进学生在原有水平上发展，提高整体素质。在评价时，要根据学生各自的潜能，从对他们的人生发展有重要意义的方面有意识地向他们提出希望、建议，使学生明确自己今后的前进方向，从而发挥评价的积极导向作用，这同时也体现了教师对学生的激励与关怀。

③**警示学生**　引导学生对自己在研学活动中的各种表现进行自我反思性评价，这本身就是一个教育过程。让学生学会实践和反思，发现自我、欣赏别人，这同时也是学生与他人协商共建、互助关怀的发展过程。

（2）研学旅行课程评价的目的

①**检验方案**　通过评价评估各环节安排的合理性，检验课程方案是否合理，能否达成教学目标。

②**问题鉴定**　通过评价和对量化数据进行分析整理，分析课程存在的问题，得出修正方向。

③**监督迭代**　通过评价结果，不断优化研学课程设计方案，结合评价指标，最大可能关注到每个重要节点，帮助课程完成更新迭代。

（3）研学旅游指导师评价的目的

①**激励指导师**　通过评价设定，激励指导师不断挑战自我，主动学习，提升课程组织实施的技巧和能力，拿到更好的成绩。

②**警示指导师**　评价也是一个总结反思的过程，通过多维度、多元化、多对象的评价，能够让指导师不断自我总结，自我发现，自我发展。

③**管理指导师**　通过过程性观察和总结性评价，发现指导师的优势，在工作中利用好指导师个体差异，发挥出他们的特长；同时，发现指导师的不足，分析指导师改进和提升的方向，

为指导师的培训提供良好的素材，以达到不断培养优秀师资队伍的目的。

2. 学生的研学旅行评价

结合上一任务所述的评价原则和评价内容，设计学生的研学评价维度和具体指标要求。以下为学生指标体系样例。

（1）学生自评

表 5-2-1　研学旅行学生自评表

研学旅行评价			
评价条目	评价结果		
	十分满意	满意	需改进
自己收拾好行李并打包			
了解目的地的情况			
遵守行程规定与安排			
积极主动参与集体活动			
在公共场合懂文明、讲礼貌			
在行程中关心同学、尊敬师长			
在活动中团结友爱、互相帮助			
锻炼自己的独立自主能力			
健康饮食，不浪费粮食			
遇到紧急情况，冷静应对不慌张			
保护好人身与财产安全			
安全出行，遵守交通规则			
爱护公物，遵守公共卫生			
保护环境，维护公共卫生			
认真记录行程中的见闻与感悟			
在活动后总结收获，反思不足			
克服困难，顺利完成研学活动			

表 5-2-2　劳动教育学生自评表

劳动教育评价			
评价项目	评价结果		
	十分满意	满意	需改进
说出中国农业发展的历程			

（续表）

评价项目	评价结果		
	十分满意	满意	需改进
说出常见的当地的民俗活动和民间工艺			
使用材料和工具制作皮影			
使用材料和工具制作拓染			
与团队合作，完成参展作品的设计制作任务			
劳动成果具有主题性和创新性			
劳动参与的积极性强，态度认真			
传承工匠精神，创意性解决问题，懂得劳动创造美好生活			
劳动收获：			

（2）小组互评

表 5-2-3 研学旅行小组互评表

研学旅行评价					
评价项目	评价结果				
	5分	4分	3分	2分	1分
完成任务，积极参与					
遵守规则，有时间观					
主动思考，参与研讨					
姿态端正，修养文明					
安全出行，遵守秩序					
保护环境，讲究卫生					
诚实守信，爱护公物					
紧急情况，冷静应对					
人身安全，财产安全					
团结友爱，互帮互助					
关心同学，尊敬师长					
谦虚谨慎，助人好学					
乐观友善，勤于反思					
自主进取，勤俭感恩					
探索创新，仔细记录					
克服困难，情绪稳定					

表5-2-4　劳动教育小组互评表

劳动教育评价				
学生姓名		评价时间		
评价项目		评价结果		
		优秀	一般	需改进
劳动参与态度积极				
积极进行团队合作				
基本掌握1～2种传统手工艺制作方法和技能				
合理使用原材料，正确使用工具				
认真完成劳动任务				
参展作品主题鲜明，构思新颖				
增强了劳动意识和劳动品质				
你们想对他（她）说：				

（3）教师评价

表5-2-5　研学旅行过程性教师评价表

研学旅行过程性评价					
评价项目		评价标准	评价结果		
			优秀	一般	需改进
时间观念	守时	按时集合、参观、乘车			
	出勤	不无故缺勤			
专注学习	学习态度	学习态度端正			
	学习过程	学习准备充足，及时记录			
	学习收获	学习成果呈现准确			
纪律意识	服从管理	服从组长管理			
	听从指挥	听从老师指挥			
	规范参观	按照安排有序参观			
文明礼仪	乘车	文明乘车			
	参观	文明参观			
	交往	和他人文明交往			

（续表）

评价项目		评价标准	评价结果		
			优秀	一般	需改进
团队意识	组织	团队组织有效的活动			
	交流	团队内进行有效的交流			
	协作	团队内进行有效的协作			
	和谐	营造和谐的团队氛围			

表 5-2-6　研学旅行成果性教师评价表

研学旅行成果性评价					
评价项目		评价标准	评价结果		
			优秀	一般	需改进
成果呈现	原创	成果为原创			
	书写	书写规范			
	形式	形式新颖			
	主题	主题鲜明			
	内容	内容丰富			
成果交流	语言	语言表达流畅清晰			
	形式	表达形式独特			
	见解	体现独特见解			
成果评价	自我评价	自我评价成果			
	小组评价	小组评价成果			

表 5-2-7　其他研学旅行教师评价表

其他研学旅行评价							
学校				班级			
课题				时间			
维度		评价指标	评价要点	打分*			
				优	良	中	差
活动过程80%	个人责任感25%	参与活动	学生对活动目标、流程等的熟悉程度，参与活动的主动性				
			学生的调研完成情况				
		责任担当	学生积极协调小组开展活动并遵守活动要求				
		克服困难	学生克服困难、坚持完成任务的情况				

（续表）

维度		评价指标	评价要点	打分*			
				优	良	中	差
创新精神15%		创新意识	学生对教师的观点进行质疑，就某些问题与同学展开辩论				
			学生对现有分析解决问题的方法进行质疑反思，提出不同意见				
实践能力40%		分析与应用资料的能力	学生将搜集到的资料运用于解决问题				
		搜集信息的能力	学生快速查找与主题相关的资料，或主动询问教师，收集信息，完成课题任务				
		分析与解决问题的能力	学生独立或以小组合作形式分析问题并提出解决方案				
		表达与沟通能力	学生主动参与讨论，分享自己的感受、观点和看法，听取和采纳同伴意见和建议				
		团队合作能力	学生主动与同学交流讨论				
活动结果20%		成果展示	成果展示方案全面				
			成果展示形式（调研报告、实验报告、实物展示、论文等）多样				
			成果汇报条理清楚				
合计							

★说明：优（9～10分），良（7～8分），中（4～6分），差（0～3分）。

表5-2-8 劳动过程教师评价表

劳动过程评价					
学生姓名			班级		
劳动时间			评价老师		
劳动内容			评价结果		
			优秀	一般	需改进
劳动知识	能说出中国农业发展史的重要历程				
	能说出常见和当地的民俗活动和民间工艺				
劳动技能	能够正确掌握皮影制作方法				
	能够正确掌握拓染制作方法				

（续表）

劳动内容			评价结果		
			优秀	一般	需改进
劳动核心素养	劳动态度	对民间传统工艺有较高的热情与较大的兴趣，能够与团队合作，共同完成劳动任务			
	劳动观念	具有正确的劳动价值观，牢固树立劳动最光荣、劳动最崇高、劳动最伟大、劳动最美丽的观念			
	劳动实践能力	积极参与劳动项目，完成参展作品的设计制作，劳动成果构思新颖巧妙，能够创意性解决问题			
	劳动品质	吃苦耐劳，尊重劳动人民，珍惜劳动成果			
	劳动精神	传承工匠精神，领会"劳动创造美好生活"			
老师简评					
社会评价			综合评分		

表 5-2-9 劳动成果教师评价表

劳动成果评价					
评价项目	评价内容		评价结果		
			优秀	一般	需改进
原创性	主题鲜明，分享成果具有原创性				
创意性	劳动成果构思新颖巧妙				
外观	劳动成果造型优美，兼备文化性和欣赏性				
技巧	合理使用原材料和工具，参展作品设计能够巧妙结合当地传统工艺和农业的特色				
表达	进行成果展示，表达团队的合作过程和作品的设计构思，逻辑思维清晰				

3. 研学旅行课程的评价

以下为课程设计方案评价指导样例。

表 5-2-10 研学旅行课程设计方案评价表

一级指标	二级指标	三级指标	分值	打分	评价标准
课程方案体系	方案版面	手册符合交付要求，内容板块齐全，排版整齐，设计美观，没有图片错位错页等问题	3		• 课程设计方案所有手册符合要求（3分） • 设计方案内容大部分符合要求（1～2分） • 课程设计方案一半以上内容不符合交付要求（0分）
		主题简洁凝练、表述具体、特色鲜明，有针对性和目的性	3		• 完全符合要求（3分） • 基本达到了要求（1～2分） • 完全不符合要求（0分）
	课程主题	呈现研学资源主要特点，突出体现中小学研学实践活动课程的核心价值	2		• 完全符合要求（2分） • 基本符合要求，研学资源特色呈现不明显，中小学实践活动课程的核心价值体现不明显（1分） • 完全不符合要求，完全没有呈现研学资源特点，不能体现中小学研学实践活动课程的核心价值（0分）
		课程目标契合主题，突出研学主题线路特色，具体明确，切合实际	2		• 完全符合要求（2分） • 基本符合要求，部分目标根据实际情况制定，内容相对契合主题，部分突出主题特色（1分） • 完全不符合要求，课程目标脱离主题与实际且不明确（0分）
	课程目标	将三维目标设计在整个研学实践课程方案中，并能融合在研学实践的行前、行中和行后各个阶段	3		• 完全符合要求（3分） • 基本符合要求，能将三维目标设计在整个研学实践课程方案中，但是没有完全融合在研学实践的行前、行中各阶段中（1～2分） • 不符合要求（0分）
	课程对标	研学课程精准对标政策文件、学校课本和中国学生发展核心素养的要求	3		• 完全符合要求（3分） • 基本符合要求，相关政策文件都有对标，并没有出现明显的错误（1～2分） • 不符合要求，对标内容较少或内容对标出现较大的错误（0～1分）

（续表）

一级指标	二级指标	三级指标	分值	打分	评价标准
	对象精准	课程方案有明确年龄段划分，并根据学生不同阶段的身心特质要求，学段要求，精准适用于研学主体	4		● 完全符合要求（4分） ● 大部分内容符合要求（1～3分） ● 完全不符合要求，没有划分适用年龄段（0分）
	学科融合	研学实践课程方案立足于学校教育，与国家课程、地方课程、校本课程知识相链接，并与现实的教学内容紧密结合，充分链接相关学科知识	2		● 完全符合要求（2分） ● 基本符合要求（1分） ● 不符合要求（0分）
	课程类型	能合理利用各种资源，开发自然类、历史类、地理类、科技类、人文类、体验类等多种类型的研学课程	3		● 有3种类型以上的研学课程类型（3分） ● 有2种类型的研学课程类型（1～2分） ● 课程实践课程类型单一（0～1分）
	主题特色	课程内容突出课程主题特色，地域特色（对相应相关主题要求）	5		● 完全符合要求（5分） ● 基本符合要求（3～4分） ● 少部分内容符合要求（0～2分）
		课程内容始终围绕研学主题和研学目标	5		● 完全符合要求（5分） ● 基本符合要求（2～4分） ● 一半以上课程内容脱离研学主题和研学目标（0～1分）
	课程内容	研学任务清晰，难易程度符合学段学生认知水平，可完成度高，始终围绕主题，可起到引导性作用	3		● 完全符合要求（3分） ● 基本内容符合要求（2分） ● 少部分内容符合要求（0～1分）

（续表）

一级指标	二级指标	三级指标	分值	打分	评价标准
		• 研学教案紧扣主题，有明确的教学目标，教学要求清晰，教学过程清楚，可执行力非常强，易于实践，过程流畅 • 各节点组织有序得当，有效保证研学内容的落实 • 课程内容充实并课时支持标准化配，可给予执行和操作标准化指导	6		• 完全符合要求（6分） • 基本内容符合要求（3～5分） • 少部分内容符合要求（0～2分）
		• 结合基（营）地资源与文化设计相应内容，呈现地域特色	3		• 完全符合要求（3分） • 方案内容设计基本符合要求（1～2分） • 方案内容完全不符合要求（0分）
		• 具备健身、健手、健脑、健心等研学教育项目，能充分体现出自主性、探究性、体验性、互动性、趣味性等特点，并与研学有机结合	3		• 基本符合要求（3分） • 基本要素具备（2分） • 大部分要素缺失（0～1分）
		• 行前预习内容全面紧扣主题，能充分了解研学相关知识，包括研学介绍、课程内容简述、安全注意事项、行前预习准备、出行物品携带等，能让学生明确学习目标与行前任务，使课程在实施中达到理想的效果	4		• 完全符合要求（4分） • 基本符合要求（2～3分） • 少部分内容符合要求（0～1分）
		• 有具体、清晰、有序的行后总结操作流程，能引号学校进行研学后回顾、梳理和反思，对学习过程与结果进行评价，与课程主题、行前、行中等研学知识相扣	4		• 完全符合要求（4分） • 基本符合要求（2～3分） • 少部分内容符合要求（0～1分）

（续表）

一级指标	二级指标	三级指标	分值	打分	评价标准
		●研学手册内容设计图文并茂，形式新颖 ●拓展知识和过程性学习任务及课后作业能够引导学生深入学习，始终与行前、行中、行后内容相连，并紧扣主题	5		●完全符合要求（5分） ●基本符合要求（3～4分） ●小部分内容符合要求（0～2分）
	跟踪评价	●有不同评价主体（3个以上）的评价，如自我评价、小组评价、教师评价和社会评价等，研学过程各个阶段可以采用不同的方法制定过程性评价标准和成果性评价标准	4		●完全符合要求（4分） ●有不同评价主体，并能够采用不同方法制定过程性评价和结果性评价（2～3分） ●评价主体和评价方法单一，评价内容不完善（0～1分）
	安全预案	●具备详细且可实施的安全应急预案和安全保障协议书，确保活动过程中每个环节的安全性	4		●完全符合要求（4分） ●有安全应急预案和安全保障协议书，但实施性不强，落地细则不清晰（1～3分） ●安全应急预案不可实施（0分）
	课程物料	●结合课程内容，设计出符合学段学生特点，可供学生使用的课程物料 ●有完成研学实践的任务单（任务卡、任务书）、知识点、研究性课题（限于高年级，小学阶段课程不要求），并对学生起到很好的引导互动作用	4		●完全符合要求，并能考虑物料体系建设（4分） ●物料符合年段学生发展特点，能起到较好的引导性和互动性（2～3分） ●物料不符合要求，起不到引导作用和互动性（0～1分）
综合意见					

4. 研学旅游指导师的评价

表 5-2-11 研学旅行指导师评价表

一级指标	二级指标	三级指标	评价指标		
			优秀	一般	需改进
基本素养	仪容仪表	衣着整洁，仪表得体			
	语言表达	语言规范，发音标准			
		用词准确，有感染力			
	职业态度	具备"五心"（爱心、耐心、细心、童心、责任心）			
		善于倾听，乐于交流			
		严于律己，以身作则			
课程实施	教学指南	有专题指导方案或讲义			
	教具运用	活动创新，形式多样化			
	教学方法	符合学生的年龄特点			
		注重引导学生深度参与			
	教材配套	研学读本、研学任务书等配套教材准备充分			
组织管理	安全防控	有安全预案			
		有安全指南			
	应急处理	应变快速，处理及时			
工作评估	研学效果	引导学生完成并分享研学课程成果			
	服务保障	有生活服务保障			
		有教育服务保障			

5. 明确研学旅行评价主体

　　研学旅行的评价主体原则上是指直接参与研学旅行活动的学校、教师、学生、研学旅游指导师及其他各环节的工作人员，以及非直接参与研学旅行的家长、教育及其他行政主管部门。

　　不同的主体有不同的评价视角，所以在设计评价方案之前首先要确定评价的主体，再确定不同评价对象的不同评价指标。真正发挥评价功能的主要是参与课程活动的学生、教师、研学从业者，他们对课程实施和研学旅游指导师的评价结果是最真实、最前沿的，也是推动研学课程设计不断完善的关键力量，具有更高的参考价值。

　　以下是学校教师等工作人员对研学课程实施评价的参考样例。

研学实践活动观察记录表
观察篇

1. 学生在各课程活动中的参与度情况：（　　）

    A. 全部学生积极参与

    B. 大部分学生参与，只有部分少数学生不参与

    C. 大部分学生不参与，只有部分学生参与

2. 学生在哪些环节参与度较高？

    A.＿＿＿＿＿　B.＿＿＿＿＿　C.＿＿＿＿＿　D.＿＿＿＿＿

3. 学生在哪个环节参与度不高，为什么？

    A.＿＿＿＿＿　原因：＿＿＿＿＿＿＿＿＿＿＿＿＿＿＿＿＿＿

    B.＿＿＿＿＿　原因：＿＿＿＿＿＿＿＿＿＿＿＿＿＿＿＿＿＿

    C.＿＿＿＿＿　原因：＿＿＿＿＿＿＿＿＿＿＿＿＿＿＿＿＿＿

    D.＿＿＿＿＿　原因：＿＿＿＿＿＿＿＿＿＿＿＿＿＿＿＿＿＿

4. 研学旅游指导师讲课评分：

	1	2	3	4	5
清晰	□	□	□	□	□
有条理	□	□	□	□	□
契合主题	□	□	□	□	□
简洁	□	□	□	□	□
音量合适	□	□	□	□	□
节奏适宜	□	□	□	□	□

    （请举例说明：＿＿＿＿＿＿＿＿＿＿＿＿＿＿＿＿＿＿＿＿＿＿）

5. 学生使用学习地图的效果：（　　）

    A. 学生完全理解，能够借助学习地图自主完成研学任务

    B. 学生基本理解，能在研学旅游指导师的辅助下完成研学任务

    C. 学生无法理解，大部分学生使用效果较差

    （请举例说明：＿＿＿＿＿＿＿＿＿＿＿＿＿＿＿＿＿＿＿＿＿＿）

6. 成果展示评价：

	1	2	3	4	5
全面性	□	□	□	□	□
汇报逻辑	□	□	□	□	□
清晰度	□	□	□	□	□

    （请举例说明：＿＿＿＿＿＿＿＿＿＿＿＿＿＿＿＿＿＿＿＿＿＿）

7. 复盘分享环节的效果：（　　）

    A. 学生能够反思总结，总体达到预期效果

    B. 复盘效果一般

    C. 效果很差

    （请举例说明：＿＿＿＿＿＿＿＿＿＿＿＿＿＿＿＿＿＿＿＿＿＿）

8. 小组整体氛围指数（1～100）：（　　）

9. 团队协作意识体现指数（1～100）：（　　）

    （请举例说明：＿＿＿＿＿＿＿＿＿＿＿＿＿＿＿＿＿＿＿＿＿＿）

10. 活动过程中的场地安排情况：（　）

　　A. 安排完美合理，无浪费的地方或过于拥挤的区域

　　B. 安排不够完善，部分活动的效果受到影响

　　C. 场地布置安排有问题，导致活动流程无法进行

　　（请举例说明：_____）

11. 对于后勤工作的评价：（　）

　　A. 完美衔接，保证活动正常有序进行

　　B. 基本没有问题，有小瑕疵待完善

　　C. 细节把控不严格，活动节奏混乱

　　（请举例说明：_____）

12. 对于安全管理工作的评价：（　）

　　A. 效果较好，各环节安全把控到位

　　B. 效果一般，仍有待改进

　　C. 安全效果较差，存在安全隐患

　　（请举例说明：_____）

13. 您认为采取哪些措施可以使这次的活动取得更好的效果？

　　_____

以下是指导师、观察员等工作人员对研学课程实施观察记录参考样例。

表 5-2-12　研学实践活动观察记录表

研学实践活动观察记录表					
观察班级		观察员		日期	
活动环节	关键事件	观察要点			
小组建立		●小组自主选出队长 ●小组气氛和谐并形成统一的小组规则 ●小组内部合理分工			
FVC 全方位价值契约		●顺利完成 FVC 活动 ●每个同学都能够发表自己的真实想法			
课程导入		●学生理解课程背景和驱动任务 ●学生清晰了解研学流程			
前期调研		●参观过程中，学生小组能根据任务需要，收集相关知识资料 ●有序开展活动			
方案设计		●学生学会运用思维工具分析问题 ●小组通过交流讨论进行作品方案的构思 ●小组团队协作完成作品的设计制作			
成果展示		●顺利完成成果展示，各组清晰表达作品设计理念 ●老师进行打分，评选出优秀作品			
复盘反思		●学生在老师引导下回顾学习内容并进行反思 ●老师对学生的表现进行总结，结束课程教学			

以下是家长对研学课程实施成果问卷参考样例。

研学实践评价反馈调查问卷
家长篇

尊敬的各位家长：

您好！

非常感谢您参与本次调查，本调查问卷将花3～5分钟完成。我们期望通过本次调查来了解研学实践的成果，为将来更好地举行活动积累经验，请您认真阅读问卷中的每一道题目，并根据您了解的实际情况进行选择。您的回答对于我们的调查研究很重要，希望能得到您的配合与支持。本问卷为匿名填写，不会泄露个人信息，请您放心填写！

1. 学生基本信息：

　　学校：_____　班级：_____

2. 您的性别：（　　）

　　A. 男　　　　　　　　　　B. 女

3. 您对本次研学实践的总体满意度：（　　）

　　A. 很满意　　　　　B. 满意　　　　　C. 一般

　　D. 不满意　　　　　E. 其他（请注明：_____）

4. 您对本次研学实践行程安排满意度：（　　）

　　A. 很满意　　　　　B. 满意　　　　　C. 一般

　　D. 不满意　　　　　E. 其他（请注明：_____）

5. （可多选）您觉得本次孩子的研学课程成果有（　　）

　　A. 增长旅游经验　　　B. 开阔眼界　　　C. 丰富自身知识

　　D. 了解课本知识与现实相结合学习　　　E. 其他（请注明：_____）

6. （可多选）您希望孩子通过参加研学活动希望达到什么目的？（　　）

　　A. 培养创新精神　　　B. 磨炼意志　　　C. 提高自理能力　　　　D. 激发动手能力

　　E. 提高学习能力　　　F. 培养团队精神　　G. 丰富知识

　　H. 其他（请注明：_____）

7. 您希望主办方今后增设哪些主题的课程？（　　）

　　A. 感官写作类　　　　　　B. 创新思维类　　C. 高效学习类　　　　　　D. 习惯培养类

　　E. 自然探索类

　　F. 其他（请注明：_____）

8. 您认为此类研学活动多长时间举办一次为宜？（　　）

　　A. 一学期　　　　　B. 一学年　　　　C. 一学年以上　　　　　D. 不主张举办

　　E. 其他（请注明：_____）

9. 请列举此次活动中孩子最喜欢的课程：

　　_____

10. 您对研学实践教育活动内容、活动行程、领队老师、吃住行等方面的改善有什么建议？

　　_____

6. 选择研学旅行评价方式

为了更清晰地呈现课程评价的内容，便于后期的数据统计和分析，通常将评价内容设计成表格的形式，表格的内容表述要符合学生的认知水平，简洁明了、易于理解、便于操作。评价表既可以是纸质版，也可以借助手机的小程序，制作成电子问卷，电子问卷的发布方式有网址链接和二维码两种，通常采用二维码的方式发布给学生，学生使用手机便可以扫码完成在线课程评价。

请扫描本书二维码，阅读某研学活动满意度调查报告。

7. 研学旅行评价实施

组织学生和随行教师进行课程评价的时间一般都选定在研学旅行课程结束当天或前一天进行。这样的话，如果有学生或教师在研学旅行结束时还没有完成评价，研学旅游指导师还有时间进行提醒和督促。评价的地点一般选在研学课程结束后返回的车上或前一晚入住的酒店房间里。在车上，研学旅游指导师可以进行课程评价的动员工作，将研学课程评价的意义向学生和教师陈述清楚，并将电子问卷的二维码发给学生和教师，请他们在规定时间内完成课程评价。需要特别说明的是，问卷评价采用匿名的形式会获得更真实的数据。

研学课程从业者属于研学旅行课程的承办方，其评价一般选择在研学旅行课程结束之后进行，由相关负责人向其发布课程评价问卷二维码，完成在线评价。

思考与练习

实操题

请各小组结合本组的课程方案设计一份评价手册（包含学生、课程、指导师三大评价对象，自行确认评价主体）。

参 考 文 献

[1] 王晓燕，韩新. 研学旅行来了 [M]. 西安：陕西人民教育出版社，2019-01.

[2] 彭其斌. 研学旅行工作导案 [M]. 济南：山东教育出版社，2019-02.

[3] 魏巴德，邓青. 研学旅行实操手册 [M]. 北京：教育科学出版社，2020-07.

[4] 薛兵旺，杨崇君. 研学旅行概论 [M]. 北京：旅游教育出版社，2020-08.

[5] 叶娅丽，边喜英. 研学旅行基（营）地服务与管理 [M]. 北京：旅游教育出版社，2020-08.

[6] 李岑虎. 研学旅行课程设计 [M]. 北京：旅游教育出版社，2020-08.

[7] 邓德智，伍欣. 研学旅行指导师实务 [M]. 北京：旅游教育出版社，2020-08.

[8] 任鸣. 研学旅行安全管理 [M]. 北京：旅游教育出版社，2020-08.

[9] 石媚山. 研学旅行市场营销 [M]. 北京：旅游教育出版社，2020-09.

[10] 邓德智，景朝霞，刘乃忠主编. 研学旅行课程设计与实施 [M]. 北京：高等教育出版社，2021-09.

[11]（美）本斯（Bens, I.）著，任伟译. 引导：团队群策群力的实践指南：第3版 [M]. 北京：电子工业出版社，2016-04.

[12] 夏雪梅，崔春华，吴宇玉. 预见"新学习"：上海市义务教育项目化学习三年行动计划优秀案例集. 第一辑 [M]. 上海：华东师范大学出版社，2020.

[13] 夏雪梅. 项目化学习设计：学习素养视角下的国际与本土实践 [M]. 北京：教育科学出版社，2021-03.

[14] 夏雪梅等. 项目化学习工具：66个工具的实践手册 [M]. 北京：教育科学出版社，2022-10.

[15] 江梦欣. 基于核心素养的综合实践基地课程价值探索 [J]. 创新人才教育，2019(1).

[16] 人民教育出版社. 教育学原理 [M]. 北京：人民教育出版社，2008.

[17] 钟启泉，汪霞，王文静. 课程与教学论 [M]. 上海：华东师范大学出版社，2008.

[18] 罗颗强. 布卢姆教育目标分类学修订版在高中生物学教学中的应用 [D]. 江西师范大学，2019.

[19] 王晓燕. 为什么今天我们要重视实践教育 [J]. 中小学信息技术教育，2019(05).

[20] 教育部. 教育部关于印发《中小学综合实践活动课程指导纲要》的通知：教材 [2017

号 [EB/OL]. （2017-09-27）[2025-04-17]. http://www.moe.gov.cn/srcsite/A26/s8001/201710/t20171017_316616.html.

[21] 教育部. 关于推进中小学生研学旅行的意见：教基一 [2016]8 号 [EB/OL].（2016-12-02）[2025-04-17]. http://www.moe.gov.cn/srcsite/A06/s3325/201612/t20161219_292354.html.

[22] 教育部. 关于做好全国中小学研学旅行实验区工作的通知：基一司函 [2016]14 号 [EB/OL].（2016-03-18）[2025-04-17]. http://www.moe.gov.cn/s78/A06/tongzhi/201603/t20160324_235039.html.

[23] 教育部. 大中小学劳动教育指导纲要（试行）：教材 [2020]4 号 [EB/OL].（2020-07-09）[2025-04-17]. http://www.moe.gov.cn/srcsite/A26/jcj_kcjcgh/202007/t20200715_472808.html.

[24] 邓德智，王彬，王亚超. 研学旅行指导师理论与实务 [M]. 北京：中国旅游出版社，2020.

[25] 全国旅游标准化技术委员会（SAC/TC 210）. 研学旅行服务规范：LB/T 054—2016[S]. 中国标准出版社，2016.

[26] 全国旅游标准化技术委员会（SAC/TC 210）. 研学旅行指导师（中小学）专业标准：T/CATS 001—2019[S]. 中国标准出版社，2019.

[27] 全国旅游标准化技术委员会（SAC/TC 210）. 研学旅行基地（营地）设施与服务规范：T/CATS 002—2019[S]. 中国标准出版社，2019.

[28] 全国旅游标准化技术委员会（SAC/TC 210）. 研学旅游服务要求：LB/T 054—2025[S]. 中国标准出版社，2025.